A vida intelectual

O livro é a porta que se abre para a realização do homem.
Jair Lot Vieira

A.-D. SERTILLANGES

A vida intelectual

Seu espírito, suas condições, seus métodos

Tradução
EDSON BINI
Consagrado e produtivo tradutor há mais de quarenta anos. Estudou filosofia na Faculdade de Filosofia, Letras e Ciências Humanas da USP (Universidade de São Paulo). Nesta época, década de 1970, iniciou sua atividade como tradutor e redator, além de se dedicar ao estudo da história das religiões. Trabalhou com o jornalista e escritor Ignácio de Loyola Brandão. Realizou dezenas de traduções nas áreas da filosofia para as editoras Hemus, Ícone, Martins Fontes, Landy, Loyola e há quase vinte anos é tradutor da Edipro.

Copyright da tradução e desta edição © 2023 by Edipro Edições Profissionais Ltda.

Título original: *La vie intellectuelle. Son esprit, ses conditions, ses méthodes*. Publicado pela primeira vez na França em 1921. Traduzido com base no original francês de 1921 de Éditions de la Revue des Jeunes, Paris, no entanto, foram incluídos acréscimos feitos pelo autor posteriormente, traduzidos com base na edição de 1934, edição definitiva, publicada pela mesma editora citada.

Todos os direitos reservados. Nenhuma parte deste livro poderá ser reproduzida ou transmitida de qualquer forma ou por quaisquer meios, eletrônicos ou mecânicos, incluindo fotocópia, gravação ou qualquer sistema de armazenamento e recuperação de informações, sem permissão por escrito do editor.

Grafia conforme o novo Acordo Ortográfico da Língua Portuguesa.

1ª edição, 1ª reimpressão 2024.

Editores: Jair Lot Vieira e Maíra Lot Vieira Micales
Produção editorial: Carla Bettelli
Edição de textos: Marta Almeida de Sá
Assistente editorial: Thiago Santos
Preparação de texto: Kandy Saraiva
Revisão: Daniela Borges de Oliveira
Diagramação: Estúdio Design do Livro
Capa: Desenho Editorial

Dados Internacionais de Catalogação na Publicação (CIP)
(Câmara Brasileira do Livro, SP, Brasil)

Sertillanges, A.-D., 1863-1948.

    A vida intelectual : Seu espírito, suas condições, seus métodos / A.-D. Sertillanges ; tradução e notas de Edson Bini. – 1. ed. – São Paulo : Edipro, 2023.

    Título original: La vie intellectuelle

    ISBN 978-65-5660-123-6 (impresso)
    ISBN 978-65-5660-124-3 (e-pub)

    1. Cultura 2. Vida intelectual I. Título.

23-163783   CDD-001.1

Índice para catálogo sistemático:
1. Vida intelectual : 001.1

Cibele Maria Dias – Bibliotecária – CRB-8/9427

São Paulo: (11) 3107-7050 • Bauru: (14) 3234-4121
www.edipro.com.br • edipro@edipro.com.br
@editoraedipro   @editoraedipro

Sumário

Prefácio à edição brasileira 7

Prefácio à segunda edição (de 1934) 11

Prefácio à primeira edição 21

Capítulo I — A vocação intelectual 23

Capítulo II — As virtudes de um intelectual cristão 33

Capítulo III — A organização da vida 51

Capítulo IV — O tempo de trabalho 75

Capítulo V — O campo de trabalho 99

Capítulo VI — O espírito do trabalho 115

Capítulo VII — A preparação para o trabalho 131

   A. A leitura 131

   B. A organização da memória 153

   C. As anotações 162

Capítulo VIII — O trabalho de criação 173

Capítulo IX — O trabalhador e o ser humano 201

Traços biográficos e bibliográficos de A.-D. Sertillanges
(compilados e escritos pelo tradutor) 221

Prefácio à edição brasileira

O que você lerá nas próximas páginas é um pequeno tratado de amor à Verdade e, por isso mesmo, reeditar este livro hoje é um escândalo.

Se padre Sertillanges, ao lançar a obra em plena França de 1921, já ultrajou milhares de estultos que se consideravam sérios, pode-se imaginar como os chamados "intelectuais" de hoje considerarão afrontosas as suas declarações.

A vida intelectual desmorona vários pilares pressupostos a um erudito moderno, a começar com a defesa, presente em toda a obra, de que o espírito reto deve olhar para Deus, afinal a realidade é uma revelação de seu poder. Para o sacerdote — e para qualquer cristão que se preze —, o conhecimento não pode ser separado de suas raízes, e só é possível encontrá-las no Criador de tudo o que se pretende estudar.

Num tempo no qual a ciência entende a fé como manifestação de inteligência inferior, ver um padre defender abertamente que o intelecto é uma potência passiva, sujeita à iluminação divina para alcançar a verdade, é escandaloso. A tensão só aumenta pelo fato de nosso escritor fazê-lo com força argumentativa e persuasão, de maneira que dificilmente alguém passará incólume por suas palavras — seja por identidade, seja por fastio.

Mas não é apenas sua luz cristã que incomoda nosso século. Sertillanges já começa a obra conceituando um intelectual como quem pretende fazer do estudo e da produção letrada a sua própria vida. Entre todos os atributos que confere a essa espécie estudiosa, não há uma única menção à vida universitária, nada referente aos prestigiosos bancos de mestrado, doutorado e pós-doutorado. Não há nenhuma demonstração de amor pela cátedra — nem de desdém: simplesmente não há nada. O intelectual de Sertillanges não bebe necessariamente dessa fonte; a sua é bem mais rica: ele bebe da realidade — esse infinito que nenhum movimento racional é capaz de escanear inteiramente — e de boas obras literárias, as quais não devem ser, de forma alguma, relativas apenas à sua especialidade.

Sobre isso, aliás, o autor é incisivo: "Toda ciência cultivada isoladamente não é somente imperfeita, mas oferece perigos que todos os homens sensatos reconhecem. As matemáticas isoladas falseiam o juízo, habituando-o a um rigor que nenhuma outra ciência permite e muito menos o permite a vida real. A física e a química obcecam por sua complexidade e não dão ao espírito nenhuma amplidão; a fisiologia leva ao materialismo; a astronomia, à divagação; a geologia faz de você um cão de caça farejador; a literatura esvazia-o; a filosofia infla-o; a teologia conduz ao falso sublime e ao orgulho doutoral. É necessário passar de um espírito a outro para corrigir um através do outro; é necessário aliar as culturas para não arruinar o solo".

Não é difícil imaginar o desprezo da divinizada casta universitária a tais asserções. Num século em que "especialistas" são cada vez mais vistos como a fonte suprema do saber, a defesa de uma mente ampla parece um contino de fadas. Mas Sertillanges não ignora o valor da especialização: ela é fundamental, segundo ele, ao homem que exerce sua função e propõe-se a um rendimento útil. Só que sozinha deixa seu detentor flutuando como um braço humano no ar, sem a menor ideia do contexto no qual se insere nem da dimensão do que o rodeia, daí o perigo de chegar a conclusões presunçosas e descabidas sobre si e sobre o mundo.

O autor continua suas alfinetadas criticando o excesso de leitura e a curiosidade vã. Se hoje as pessoas têm orgulho de se dizer "leitoras vorazes", ele lhes dirá tranquilamente que elas apenas têm uma "tara", uma paixão deletéria e perturbadora como qualquer outra. Se hoje a curiosidade inquieta de um jovem é enaltecida, ainda que ele se distraia de suas obrigações e ceda à infinidade de estímulos existentes, o sacerdote dirá que isso é puro diletantismo. Zero mérito, zero louro, zero benefício à inteligência. Se hoje o orgulho é dar ouvidos apenas aos catedráticos renomados e aos homens de prestígio no mundo da ciência, ele dirá ser só vaidade das vaidades. É que nosso escritor assume o que teimamos esconder: a verdade pode vir de qualquer lado, do ser humano mais prestigiado ao mais marginalizado, do livro mais ovacionado ao mais menosprezado —, e o intelectual, sedento por alcançá-la, não se importará com sua origem. Por fim, como bom nadador contra a corrente, se hoje muitos se orgulham de "devorar" os melhores romances que há, Sertillanges dirá: "Envenenar-se com romances nem pensar". Segundo ele, tais livros perturbam e dispersam os pensamentos. Polêmicas.

Talvez essa pequena coletânea de informações dê a impressão de que o autor era um rabugento anacrônico, mas, muitíssimo longe disso, era um pai atento às necessidades do filho: vendo sua empolgação exagerada, opta por acomodá-lo na realidade com amor e dureza, entregando-lhe conselhos práticos para que ele se torne um verdadeiro intelectual, não um mero tentante perdido no desânimo ou no ânimo desmedido.

Seu amor pelos que vivem no presente se mostra, aliás, no valor que ele dá ao convívio com os outros e na importância que atribui aos tempos atuais. Ele rechaça, do começo ao fim, a ideia de vangloriar o passado e desdenhar do presente, afinal todo o tempo pertence a Deus. O erudito que ignora isso nem merece ser tido como tal.

Por fim, convém dizer o seguinte: quando pensamos num intelectual, vem-nos à mente aquele que dedica cada segundo de produtividade ao estudo. Aos que pensam assim, fica uma boa notícia: dedicar duas horas por dia é suficiente para uma vida de estudos séria. "Uma corrente comprimida por margens estreitas chegará mais longe", anima-nos o escritor. As páginas deste livro serão úteis a todos os que buscam a Verdade por meio de uma vida intelectual, ainda que tímida. São sensatos conselhos para o cuidado do corpo, as boas relações sociais, o desenvolvimento da inteligência, a produtividade do trabalho, o rendimento do estudo, enfim: conselhos para uma boa vida.

Os meios pelos quais o padre nos sugere essa busca são escandalosos para nosso tempo. Mas nosso tempo não anda lá tão fecundo no que diz respeito aos grandes e completos intelectuais. Por isso mesmo, nunca fez tanto sentido propagar o escândalo de Antonin--Dalmace Sertillanges.

Lara Brenner
Professora de Língua Portuguesa
e advogada licenciada

Prefácio à segunda edição (de 1934)

Esta pequena obra hoje reeditada foi muitas vezes reimpressa. Data de 1920. Eu não a havia relido. Eu me perguntava, ao abordá-la com um novo olhar e com uma experiência quinze anos mais velha, se nela reconheceria meu pensamento. Encontrei-o integralmente, exceto por ligeiras diferenças que não deixarei de mencionar na revisão que estou assumindo. A razão disso é que estas páginas, a dizer a verdade, não têm data. Saíram do meu âmago. Eu as carregava já há um quarto de século, ocasião em que eclodiram. Escrevi-as como alguém que exprime as próprias convicções essenciais e que dá vazão ao próprio coração.

O que me deixa confiante de que estas páginas atingiram sua meta é seguramente a amplitude de sua difusão. É, porém, sobretudo, o testemunho de inúmeras cartas, algumas me agradecendo pela ajuda técnica que eu trouxe aos trabalhadores intelectuais, outras pelo ardor que me diziam haver sido comunicado aos jovens ou àqueles dotados de uma coragem viril, a maioria pelo que parecia ao leitor uma revelação, entre todas, particularmente preciosa: a do clima espiritual apropriado para a eclosão do pensador, para sua elevação, para seu progresso, para sua inspiração, para sua obra.

Com efeito, é nisso que reside propriamente o principal. A mente rege tudo. É ela que principia, realiza, persevera e consuma. Como ela preside cada aquisição, cada criação, dirige o trabalho mais secreto e mais exigente que opera sobre si o trabalhador intelectual ao longo de toda sua carreira.

Não cansarei o leitor — é o que penso — insistindo uma vez mais a respeito desse conjunto da vocação de pensador, ou de orador, de escritor e de apóstolo. Trata-se, verdadeiramente, da questão preliminar; é em seguida a questão de fundo e é, consequentemente, o segredo do sucesso.

Queres produzir a obra intelectual? Começa por criar em ti uma zona de silêncio, um hábito de recolhimento, uma vontade de despojamento, de desapego, que te torne inteiramente disponível para a obra; adquire esse estado de alma destituído do peso do desejo e da vontade egocêntrica que é o estado de graça do intelectual. Sem isso, nada realizarás, em todo caso, nada que valha a pena.

O intelectual não é filho de si mesmo; é filho da Ideia, da Verdade eterna, do Verbo criador e animador imanente à sua criação. Quando ele pensa bem, o pensador segue Deus pelas pegadas deixadas por Ele; não segue sua própria quimera. Ao tatear e se debater no esforço da busca, ele é Jacó lutando com o anjo e "forte contra Deus".

Não será natural, nessas condições, que o homem convocado se distancie e esqueça deliberadamente o homem profano; que rejeite tudo de si: sua leviandade, sua inconsciência, sua covardia diante do trabalho, suas ambições terrenas, seus desejos orgulhosos ou sensuais, a inconsistência de seu querer ou a impaciência desordenada de seus votos, suas complacências e suas antipatias, seus humores acrimoniosos ou seu conformismo, toda a rede incalculável dos impedimentos que obstruem o caminho do verdadeiro e impedem sua conquista?

O temor de Deus é o começo da sabedoria, dizem as Escrituras. Esse temor filial no fundo é apenas o medo de si mesmo. No domínio intelectual, pode-se denominá-la uma atenção libertada de todas as preocupações inferiores e uma fidelidade que cuida perpetuamente de não se expor ao declínio. Um intelectual deve estar sempre na disposição favorável ao pensar, isto é, disposto a receber uma parte da verdade transportada pelo mundo e que para ele foi preparada, sob esta ou aquela mudança de orientação, pela Providência. O Espírito passa e não retorna. Feliz aquele que se mantém pronto a não faltar, mas, pelo contrário, a provocar e utilizar o encontro miraculoso!

Toda obra intelectual começa pelo êxtase; é somente depois que são exercidos o talento do organizador, a técnica dos encadeamentos, das relações, da construção. Ora, o que é o êxtase senão um impulso para sair de si mesmo, um esquecimento de viver, um distanciamento de si, de viver a vida ordinária para que o objeto de nossa embriaguez viva em nosso pensamento e em nosso coração?

A própria memória participa desse dom. Existe uma memória baixa, memória de papagaio e não de inventor: essa memória obstrui, interditando as vias do pensamento em favor das palavras e das fórmulas estabelecidas. Mas existe uma memória receptiva em todos os sentidos e em um estado de perpétua descoberta. Em seu conteúdo nada há de "completamente feito"; suas conquistas são sementes do futuro; seus oráculos são promessas. Ora, uma tal memória é também ela extática; funciona ao contato das fontes de inspiração; não se compraz em si mesma; o que ela encerra ainda é intuição sob o nome de lembrança, e o eu do qual ela é hóspede doa-se à exaltante Verdade não só por intermédio dela, memória, como também por meio da investigação.

O que é verdadeiro no tocante às aquisições e às buscas já era verdadeiro no que tange à convocação no início da carreira. Após as hesitações da adolescência tão frequentemente angustiada e perplexa, fez-se necessário atingir a descoberta de si mesmo, a percepção desse impulso secreto que visa, em nós, a não sei qual resultado remoto ignorado pela consciência. É de se crer que isso seja simples? "Ouvir a si mesmo" é uma fórmula que equivale à seguinte: ouvir a Deus. É no pensamento criador que mora nosso ser verdadeiro e nosso eu sob forma autêntica. Ora, esse verdadeiro de nossa eternidade que domina nosso presente e é prognóstico de nosso futuro tão só nos é revelado no silêncio da alma, silêncio dos vãos pensamentos que conduzem ao "*divertissement*" pueril de dissipador; silêncio dos ruídos da convocação que as paixões desordenadas não cansam de fazer ouvir.

A vocação quer a *audição nítida* que, mediante um mesmo esforço fora de si, ouve e satisfaz.

Será o mesmo por ocasião da eleição de seus meios para obter êxito, do estabelecimento de seu gênero de vida, de suas relações, da organização de seu tempo, da partilha entre a contemplação e a ação, entre a cultura geral e a especialidade, entre o trabalho e os relaxamentos, entre as concessões necessárias e as intransigências cruéis, entre a concentração que fortalece e as ampliações que enriquecem, entre a reserva e o frequentar dos gênios, das pessoas que integram seu grupo, da natureza ou da vida social, etc., etc. Tudo isso só é julgado com sabedoria também em êxtase, próximo do verdadeiro eterno, longe do eu que anseia e se apaixona.

E, no fim, uma vez feito o que nos coube, seus resultados e a medida que foi para eles decidida exigirão a mesma virtude de aceitação, o mesmo desinteresse, a mesma paz dentro de uma Vontade que não seja a nossa. Atingimos o que podemos atingir, e nosso poder tem necessidade de julgar a si próprio a fim de não se subestimar por um lado ou, inversamente, exceder-se no sentido das pretensões e do orgulho vão. De onde nos vem esse julgamento senão de um olhar fiel arrojado ao impessoal verdadeiro e da submissão ao seu veredicto, mesmo que isso nos custe um esforço ou um desapontamento secreto?

Os grandes homens a nós parecem pessoas de grande audácia; no fundo, são pessoas mais obedientes do que as demais. A voz soberana os adverte. É porque um instinto proveniente dela os leva a agir que assumem, sempre de modo corajoso e por vezes muito humildemente, a posição que a posteridade lhes atribuirá mais tarde, ousando atos e arriscando invenções tão frequentemente em desacordo com seu meio, e até expostos aos sarcasmos desse meio. Eles não têm medo porque, embora pareçam tão isolados, não se sentem sós. Têm para si aquilo que enfim decidirá tudo. Pressentem seu futuro império.

Nós que, sem dúvida, temos de conceber uma humildade de uma espécie totalmente distinta, devemos todavia nos inspirar no mesmo ponto mais elevado. É a altitude que julga a pequenez. Aquele que não experimenta o sentimento das grandezas exalta-se ou abate-se facilmente, às vezes uma coisa e outra conjuntamente. É para não considerar o escaravelho gigante que a formiga encontra o pernilongo minúsculo e é para não sentir o vento das alturas que o caminhante demora nos aclives da montanha. Sempre conscientes da imensidão do verdadeiro e da exiguidade de nossos recursos, não empreendemos uma caminhada além de nosso poder, nos limitando a ir até o extremo de nosso poder. E estaremos então felizes com o que terá sido a nós concedido em conformidade com nossa medida.

Não se trata nesse caso de pura mensuração. É interessante fazer aqui essa observação de que o trabalho fraco ou o trabalho pretensioso constitui sempre o trabalho ruim. Uma vida impulsionada alto demais ou deixada demasiadamente baixo é uma vida que se desorienta. Uma árvore pode ter uma ramagem e uma floração medíocres ou magníficas: ela não as pede nem as constrange; sua alma vegetal desabrocha sob a ação da natureza geral e das influências do meio. Para nós, nossa natureza geral é o pensamento eterno; nele haurimos com forças que são dele emanadas e com o concurso que ele nos disponibiliza: deve haver concordância entre o que dele recebemos na qualidade de dons — inclusive a coragem — e aquilo que podemos esperar na qualidade de resultados.

O que haveria de se dizer dessa disposição fundamental referente a um destino totalmente consagrado à vida do pensador? Mencionei as resistências e as incompreensões que atingem os grandes vultos; elas, contudo, atingem também aqueles que não são grandes: como resistir a elas sem um apego puro ao verdadeiro e sem o esquecimento de si mesmo? Quando desagradamos o mundo, este se vinga; se acontece de o agradarmos, ele ainda se vinga nos corrompendo. O único recurso de que dispomos é trabalhar longe dele, tanto indiferente ao seu julgamento como pronto para servi-lo. Talvez o melhor seja ele a ti repelir e obrigar-te assim a voltar-te para ti mesmo, cresceres interiormente, te controlares, te aprofundares. Tais benefícios são proporcionais a nosso desinteresse superior, isto é, nosso interesse com respeito à única coisa necessária.

Estaríamos nós próprios expostos, no que toca aos outros, às tentações da calúnia, da inveja, das críticas injustificadas, das querelas? Teríamos, então, de nos lembrar de que tais disposições, perturbando os espíritos, causam danos ao verdadeiro eterno e são incompatíveis com seu culto.

No que diz respeito a isso, é preciso observar que a calúnia, num certo nível, é mais aparente do que real e não é destituída de valor para a formação da opinião corrente. É com frequência que nos enganamos quanto à maneira que os mestres empregam ao se referirem uns aos outros. Eles criticam uns aos outros de modo áspero, mas estão bem cientes do próprio valor e criticam violentamente os outros sem que seja propriamente intencional.

Sempre é o caso de o progresso comum necessitar paz e cooperação, e que não seja expressivamente retardado por uma mentalidade estreita. Diante da superioridade alheia, só existe uma atitude honrada: apreciá-la, com o que ela se converte então em nossa própria alegria, nossa própria fortuna.

Uma fortuna diferente poderá nos tentar: aquela oferecida por um sucesso exterior, na verdade hoje em dia bastante raro quando se trata de um verdadeiro intelectual. O público, no seu todo, é vulgar e aprecia apenas a vulgaridade. Os editores de Edgar Allan Poe diziam ser obrigados a pagar a ele menos do que aos outros porque ele escrevia melhor do que os outros. Conheci um pintor ao qual um *marchand* dizia o seguinte: "Tu precisarias de algumas lições". O pintor o encarou com uma expressão de interrogação e ele respondeu: "Sim, para aprender a pintar menos bem". O homem devotado à perfeição não compreende esse discurso; não consente, a nenhum preço, sob nenhuma forma, em ser um adepto daquilo que Baudelaire chamava de zoocracia. Mas e se esse devotamento se submetesse...?

Até quando não atribuímos importância aos julgamentos externos, não estamos expostos, em nós mesmos, aos tolos julgamentos da vaidade e da puerilidade instintiva? "Jamais condenes ao silêncio, jamais ocultes o que pode ser pensado contra teu próprio pensamento", escreve Nietzsche. Não se trata mais, nesse caso, dos incompetentes e dos basbaques, mas de nosso próprio testemunho em um estado vigilante e íntegro. Quantas vezes gostaríamos de tergiversar, buscar satisfação em uma falácia, dar indevidamente preferência a nós próprios! A severidade para consigo mesmo, tão favorável à retidão dos pensamentos e a sua preservação contra os mil perigos da investigação, é um heroísmo. Como pode alguém se pleitear culpado e apreciar a própria condenação sem o amor extremo daquele que julga?

É verdade que isso é corrigível mediante uma adesão intransigente àquilo de que estamos profundamente persuadidos, intuições intangíveis que estão na base de nosso esforço e de nossa própria autocrítica. Não se constrói sobre o nada, e os retoques do artesão não atingem os primeiros fundamentos. Aquilo que é adquirido e controlado deve ser preservado com relação a reconsiderações injustificadas e escrúpulos. É o mesmo amor ao verdadeiro que o exige; é o mesmo desinteresse que em nós se interessa pelo que nos ultrapassa e que nem por isso deixou de eleger um domicílio em nossa consciência. Tais estimativas são delicadas, mas necessárias. Não há preço que justifique o abalo das elevadas certezas sobre as quais se apoia todo o trabalho da inteligência.

É o caso, inclusive, de se defender, em nome dessa devoção, desse *melhor* que classificamos, a justo título, de um inimigo do bem. Ocorre que, ao estender o campo da própria pesquisa, nós a debilitamos, e, ao se aprofundar além de certos limites, a mente se transtorna, e tudo que consegue é tornar-se perplexa. A estrela na qual se fixa o olhar com excesso de ardor e continuidade pode, graças a isso mesmo, alternadamente brilhar e se apagar cada vez mais, a ponto de acabar desaparecendo do céu.

Disso não se deve concluir aderirmos ao não aprofundamento nem a negligenciar no que toca a essa imensa cultura que constitui uma condição da profundidade em um domínio qualquer. Entretanto, apontamos o excesso e observamos que uma pura e simples devoção ao verdadeiro sem paixão pessoal, sem frenesi, é o corretivo do excesso.

Existe ainda uma defesa contra a precipitação nos juízos e na elaboração das obras. Quando se ama o verdadeiro, não nos deixamos deslumbrar por uma ideia brilhante à qual atribuímos banalidades na qualidade de auréola. Este não é o preço a pagar por uma obra. Acontece à mais medíocre das mentes atinar com uma ideia comparável a um diamante bruto ou a uma pérola. O que é difícil é o corte da ideia e, sobretudo, seu engaste em uma joia da verdade que será a criação verdadeira.

"Entre os leitores apressados de uma obra", diz Ramon Fernandez divertidamente, "eu colocaria de bom grado o autor desta obra". Muito bem! Mas de onde vem essa pressa negligente que absolve de antemão um leitor menos interessado e menos responsável? Isso poderá ser evitado se nos consagrarmos de modo mais profundo ao exclusivamente verdadeiro.

Evitar-se-á igualmente debruçar sobre um tema particular que se desejaria desenvolver sem antes haver explorado seus antecedentes gerais e seus correlatos. Ser durante muito tempo *múltiplo* é a condição para ser *uno* com fecundidade. A unidade da partida não passa de um vazio. Sente-se isso quando se cultua uma verdade augusta e misteriosa. Se não nos servimos então de tudo aquilo que aprendemos, resta disso uma secreta ressonância naquilo que dizemos, e a confiança recompensa essa plenitude. É um grande segredo saber transmitir brilho a uma ideia graças a seus últimos planos crepusculares. Conservar dela sua força de convergência é um outro segredo.

O fracasso nos ameaça ou já foi ele próprio experimentado? Este é o momento de refugiar-se no culto imutável, incondicionado que havia inspirado o esforço. "Meu cérebro tornou-se para mim um refúgio", escreve Charles Bonnet. É ao que está acima do cérebro que ele se consagra, o que proporciona, então, um refúgio diferentemente seguro. Mesmo ao preço da dor, a criação é uma alegria, e, mais do que a criação, o culto da ideia de onde ela se origina.

Ademais, como observava Foch,[1] "É com os restos que se vencem as batalhas". Se fracassaste nisso, prepara-te para ter sucesso naquilo; ter sucesso, em síntese, tal como assegurado para qualquer um que tem valor e se empenha.

Quero assinalar um último efeito da elevada submissão da qual acabo de fazer o elogio. Ela limita nossas pretensões não só de caráter pessoal como também humanas. A razão não é onipotente. Sua derradeira etapa, segundo Pascal, consiste em constatar seus limites. E ela tão só o realiza se acatar a sua primeira lei, a qual não é a sua verdade, considerada como propriedade ou como conquista, mas a Verdade impessoal e eterna.

Aqui não há mais limite para a honra pelo simples fato de renunciarmos à presunção. O mistério dá a recompensa. A fé substituindo

---

1. A alusão deve ser a Ferdinand Foch (1851-1929), marechal da França e comandante das forças aliadas em 1918 (derradeiro ano da Primeira Guerra Mundial). (N.T.)

a investigação conduz a mente a amplidões jamais conhecidas por ela mesma, e a luz de seu próprio domínio ganha porque os astros longínquos obrigam-na a lançar seus olhares na direção do céu. A única ambição da razão é um mundo; a fé lhe concede a imensidão.

Não desejo alongar mais este discurso. Será necessariamente retomado, pois ele visa mostrar onde se encontra o Todo.

Esse Todo teve seus direitos por mim defendidos mediante uma insuficiência da qual tenho plena consciência e da qual me desculpo. Meus votos são para que minhas sugestões que lhe dizem respeito, por mais precárias que sejam, contribuam no sentido de atrair para ele outros que possam melhor elogiá-lo e se revelarem melhores servidores.

A.-D. Sertillanges
Dezembro de 1934

Prefácio à primeira edição

Encontra-se entre as obras de Santo Tomás uma carta a um certo irmão João em que estão enumerados *dezesseis preceitos para a aquisição do tesouro da ciência*. Esta carta, autêntica ou não, reclama ser examinada em si mesma; ela é inestimável; seria desejável imprimir no íntimo do pensador cristão todas as palavras nela contidas. Acabamos de publicá-la mais uma vez após as *preces* do mesmo doutor, onde está condensado seu pensamento religioso e revelada sua alma.[2]

Ocorreu-nos a ideia de comentar os *dezesseis preceitos* na intenção de a eles vincular aquilo que poderia ser útil lembrar aos estudiosos modernos. Ao nos servirmos desse procedimento, ele nos pareceu um pouco limitado e preferimos proceder com maior liberdade. Mas a substância desse pequeno volume não é por isso menos inteiramente tomista; nele se encontrará o que nos *dezesseis preceitos* ou em outra parte sugere o mestre no que toca à condução da mente.

Este opúsculo não tem a pretensão de substituir as *fontes*, em parte a elas se referindo. O autor não esqueceu, não mais que muitos outros sem dúvida, a comoção de seus vinte anos, quando o padre Gratry nele estimulava o ardor do saber.

Em uma época tão necessitada de esclarecimento, evoquemos frequentemente as condições que permitem adquirir o esclarecimento e preparar sua difusão por meio de obras.

A produção [intelectual] em si mesma não será aqui abordada, o que será o objeto de um outro trabalho. Mas é a mesma mente a que procura e obtém o enriquecimento [intelectual] e a que se dispõe a despendê-lo sabiamente.

---

2. *Les Prières de Saint Thomas d'Aquin* [As orações de Santo Tomás de Aquino], traduzidas e apresentadas por A.-D. Sertillanges (*Librairie de l'Art Catholique*).

Tendo que dizer mais adiante que o despender é nesse caso um dos meios da aquisição, ficamos impossibilitados de duvidar da identidade dos princípios que tornam em um processo bem como no outro nossa atividade intelectual fecunda.

Nisso reside uma razão para nutrir a esperança de ser útil a todos.

Chandolin, 15 de agosto de 1920

Capítulo I
A vocação intelectual

I. O intelectual é um consagrado. — II. O intelectual não é uma pessoa isolada. — III. O intelectual pertence ao seu tempo.

I

Falar de vocação consiste em designar aqueles que entendem fazer do trabalho intelectual sua vida, seja porque dispõem de todo o lazer para se dedicarem ao estudo, seja porque, envolvidos nas ocupações profissionais, reservam a si, a título de um suplemento afortunado e de uma recompensa, o desenvolvimento profundo da mente.

Digo profundo a fim de afastar a ideia do verniz superficial. Uma vocação não se satisfaz de modo algum com leituras vagas e com pequenos trabalhos dispersos. Trata-se de penetração e de continuidade, de esforço metódico em vista de uma plenitude que corresponde à convocação do Espírito e aos recursos que com agrado Ele se dignou a nos transmitir.

Essa convocação não deve ser objeto de prejulgamento. Lançar-se em um caminho no qual não podemos caminhar com firmeza só acarretaria dissabores. O trabalho se impõe a todos e depois de uma primeira formação onerosa ninguém age sabiamente se deixar recair pouco a pouco sua mente na indigência intelectual inicial. Outra coisa, entretanto, é a manutenção tranquila de um saber adquirido, outra coisa a retomada desde as fundações de uma instrução que se sabe ter sido tão só provisória, a qual se considera unicamente como um ponto de partida.

É esse último estado de espírito aquele de um convocado. Envolve uma grave resolução. A vida de estudo é austera e impõe pesadas obrigações. Ela compensa — e amplamente —, mas exige uma postura da qual poucos são capazes. Os atletas da inteligência, como os atletas do esporte, têm de estar preparados para as privações, os longos treinamentos e uma tenacidade por vezes sobre-humana. É preciso entregar-se de todo coração para que a verdade se manifeste. A verdade serve somente aos seus escravos.

Tal orientação não deve ser assumida antes de um longo autoexame. A vocação intelectual é como todas as outras: está inscrita nos nossos instintos, nas nossas capacidades, em não sei qual impulso interior controlado pela razão. Nossas disposições são como as propriedades químicas que determinam para cada corpo as combinações nas quais esse corpo pode ingressar. Não é algo que se recebe. É algo que vem do céu e da natureza primeira. Toda a questão consiste em ser dócil a Deus e a si mesmo após haver escutado suas vozes.

Compreendido desta forma, as palavras de Disraeli[3] "Fazei o que vos agrada desde que isso vos agrade realmente" são muito significativas. O gosto que está em correlação com as tendências profundas e com as aptidões é um excelente juiz. Se Santo Tomás pôde dizer que o prazer qualifica as funções e é capaz de servir para classificar os seres humanos, deve ter sido levado a concluir que o prazer pode também revelar nossas vocações. Basta escrutar até as profundezas onde o gosto e o impulso espontâneo reúnem os dons de Deus e sua providência.

Além do imenso interesse da realização pessoal em sua plenitude, o estudo de uma vocação intelectual comporta um interesse geral do qual ninguém pode se desviar.

A humanidade cristã é composta de personalidades diversas, e, nessa composição, nenhuma das personalidades abdica sem empobrecer o grupo e sem privar o Cristo eterno de uma parte de seu reino. O Cristo reina por meio de seu desdobramento. Toda vida de um de seus "membros" constitui um instante qualificado de sua duração; todo caso humano e cristão é um caso incomunicável, único

---

3. Benjamin Disraeli (1804-1881), político e escritor inglês. (N.T.)

e consequentemente necessário da extensão do "corpo espiritual". Se foste designado como portador da luz, não vás ocultar e subtrair dos olhares o brilho pequeno ou grande que se espera de ti na casa do Pai de todas as famílias. Ama a verdade e seus frutos para a vida, para ti e para os outros; consagra ao estudo e à sua utilização o melhor de teu tempo e de teu coração.

Todos os caminhos, exceto um, são para ti ruins porque se distanciam do rumo no qual tua ação é esperada e exigida. Não sejas infiel a Deus, a teus irmãos e a ti mesmo repudiando um chamado sagrado.

Isso supõe que chegues à vida intelectual com uma concepção desinteressada, não com ambição ou em vista de uma tola glaríola. Os ruídos da publicidade só tentam espíritos fúteis. A ambição ofende a verdade eterna se subordinamos esta àquela. Não será um sacrilégio brincar com as questões que dominam a vida e a morte, com a natureza misteriosa, com Deus, conquistar um prestígio literário ou filosófico à custa do verdadeiro ou independentemente do verdadeiro? Tais metas, sobretudo a primeira, não sustentariam o pesquisador; assistiríamos prontamente à suspensão do seu empenho e a vaidade procuraria se contentar com o vazio, despreocupada com as realidades.

Mas isso supõe igualmente que, ao aceitar o objetivo, somes a este a aceitação de seus meios, sem o que não haveria um sério acatamento da vocação. São muitos os que desejariam obter o conhecimento! Uma vaga aspiração dirige as multidões para horizontes que a maioria admira à distância, como aquele que sofre de gota ou aquele que sofre acessos de tosse encara as neves eternas. Obter sem pagar constitui o desejo universal; porém, é um desejo de corações covardes e de cérebros débeis. O universo não acorre ao primeiro sussurro, e a luz de Deus não se coloca sob tua lâmpada sem que tua alma a provoque.

Tu és um consagrado: cuida daquilo que a verdade reclama, consente, em favor dela, na tua própria mobilização, em te fixares nos domínios que a ela pertencem, em te organizares e, destituído de experiência, te apoiares na experiência dos outros.

"Se a juventude soubesse!" São principalmente os jovens os necessitados dessa advertência. A ciência é um *conhecimento pelas causas*,

mas ativamente, no que respeita à sua produção, é uma *criação pelas causas*. É preciso reconhecer e adotar as causas do saber, depois as enunciar e não afastar a atenção aos alicerces até o momento de erigir o telhado.

Com os primeiros anos livres após os estudos, o solo intelectual há pouco remexido, as sementes lançadas, que estupendo cultivo se poderia empreender! Trata-se do tempo que não se encontrará mais, o tempo que deverá ser a base da vida posterior: o que ele terá sido é o que seremos, pois dificilmente retomamos suas raízes. O futuro sempre herda o passado; a punição por se omitir de prepará-lo no seu devido tempo consiste em viver na superfície das coisas. Que cada um pense nisso quando pensá-lo tem alguma serventia.

Quantos jovens, com a pretensão de se tornarem trabalhadores, dissipam miseravelmente seus dias, suas forças, sua seiva intelectual, seu ideal! Ou não trabalham — eles dispõem de tempo suficiente — ou trabalham mal, caprichosamente, sem saber nem o que são, nem para onde desejam ir, nem como se caminha. Cursos, leituras, pessoas com as quais nos relacionamos, grau de trabalho e de descanso, de solidão e de atividade, de cultura geral e de especialização, disposição de espírito para o estudo, habilidade para extrair e utilizar os dados adquiridos, realizações provisórias anunciadoras do próximo trabalho, virtudes a serem obtidas e desenvolvidas — nada disso é previsto, nada disso será satisfeito.

E, entretanto, que diferença, dispondo-se de iguais recursos, entre aquele que conhece e é previdente e aquele que age como um aventureiro! "O gênio é uma longa paciência", mas uma paciência organizada, inteligente. Não há necessidade de faculdades extraordinárias para realizar uma obra; basta para isso uma superioridade média; o resto é suprido pela energia e por aplicações sábias desta. É o mesmo que ocorre com um operário sério, econômico e dedicado ao seu trabalho: ele atinge o objetivo, enquanto o inventor por vezes não passa de uma pessoa fracassada e amarga.

O que eu disse sobre isso vale para todos, mas, para mim, é aplicável especialmente àqueles que estão cientes de que dispõem de apenas uma parte de suas vidas, a mais frágil, para se devotar aos labores da inteligência. Esses devem, mais do que outros, ser os consagrados. Aquilo que não podem distribuir por toda a existência terão de concentrar em um pequeno espaço. O ascetismo especial e a virtude heroica do trabalhador intelectual deverão ser deles o fato cotidiano. Mas se consentirem nessa dupla oferenda de si mesmos, lhes digo em nome do Deus da verdade a não se desencorajarem.

Se a produção intelectual não requer gênio, menos ainda requer a posse de uma liberdade plena. Mais do que isso, a plena liberdade tem armadilhas que obrigações rigorosas podem ajudar a transpor. Uma corrente tolhida por margens estreitas fluirá com maior ímpeto. A disciplina do ofício é uma mestra eficiente: tira vantagem do lazer do estudante aplicado. Constrangidos, nos concentraremos mais, aprenderemos o valor do tempo, nos refugiaremos ardentemente nessas horas raras nas quais, cumprido o dever, retomamos o ideal, em um estado em que gozamos do repouso proporcionado por uma ação de escolha após a ação imposta por uma dura existência.

O trabalhador que encontra assim no novo esforço a recompensa do velho esforço, que o estima como um avaro estima seu tesouro, é ordinariamente um apaixonado; não o separamos daquilo que é assim consagrado pelo sacrifício. Se sua marcha parece mais lenta, mais adiante ganhará maior impulso. Pobre tartaruga de marcha sofrível, ele não perde seu tempo, ele se obstina, e ao cabo de poucos anos terá ultrapassado a lebre indolente cuja marcha desembaraçada causava inveja comparada à sua penosa marcha.

O mesmo se aplica ao trabalhador isolado, privado de recursos intelectuais e de companhias estimulantes, enterrado em algum buraco provinciano onde parece condenado à estagnação, exilado à distância de opulentas bibliotecas, dos cursos brilhantes, do público vibrante, de posse tão só de si mesmo e obrigado a extrair tudo desse fundo inalienável.

Ah, que tampouco esse se desencoraje! Com tudo contra si, que ele preserve a si mesmo e que isso lhe baste. Um coração ardente tem mais chances de êxito, mesmo estando em pleno deserto, do que alguém medíocre do Quartier Latin[4] empanturrado de informações que faz mau uso de suas oportunidades. Ainda aqui é da dificuldade que pode brotar uma força. Na montanha, é somente nos trechos difíceis que nos apoiamos em algo. As sendas planas nos levam ao relaxamento, e o relaxamento desatento não demora a se tornar funesto.

O que tem maior valor entre tudo o mais é a vontade, uma vontade profunda: vontade de ser alguém, de atingir alguma coisa; desde já pelo desejo de ser esse alguém qualificado por seu ideal. O resto se arranja sempre. Livros existem em toda parte e somente são necessários em pequeno número. Companhias, estimulantes, encontramo-las em espírito na solidão: os grandes seres nela se acham, presentes para quem os invoca, e as eras grandiosas do passado impulsionam o pensador ardente. Quanto aos cursos, aqueles que deles dispõem não os acompanham ou os acompanham mal se não possuírem dentro de si, em caso de necessidade, o recurso de dispensar essa vantagem. No que toca ao público, se às vezes te estimula, com frequência te perturba, dispersa tua mente e, para apanhar dois centavos que encontras na rua, podes com isso perder uma fortuna. Mais vale a solidão repleta de paixão na qual toda semente produz uma centena de frutos e todo raio de sol uma paisagem dourada de outono.

Santo Tomás de Aquino, a caminho de se fixar em Paris e ao perceber de longe a grande cidade, diz ao irmão que o acompanhava: "Irmão, eu daria tudo aquilo pelo comentário de Crisóstomo a respeito de São Mateus". Quando se experimentam tais sentimentos, não importa o lugar onde se esteja nem do que se dispõe; o selo encontra-se impresso em nós; nossa condição é a de um eleito do Espírito; tudo que se tem a fazer é perseverar e confiar-se à vida tal como regulada por Deus.

Tu, jovem que compreende essa linguagem e que os heróis da inteligência parecem chamar misteriosamente, mas que temes estar desprovido dos meios, escuta-me. Tens duas horas por dia? Podes

---

4. O Quartier Latin é um bairro de Paris famoso por suas oportunidades culturais. Nele, se localizam a Sorbonne Université, o Panteão (Panthéon), diversas livrarias, sendo a mais famosa a Shakespeare & Company — que já se tornou um ponto turístico —, um jardim botânico (Jardin des Plantes), o Museu Nacional de História Natural de Paris (Muséum National d'Histoire Naturelle), entre outros lugares. (N.E.)

te comprometer a conservá-las ciosamente, a dedicar-lhes um emprego ardente e, depois, também investido de autoridade no Reino de Deus, podes *beber do cálice* cujo conteúdo são estas páginas que desejariam fazer-te experimentar o sabor delicioso e amargo? Se tua resposta é afirmativa, tem confiança. Mais do que isso, apoia-te em uma certeza completa.

Obrigado a ganhar a vida, ao menos a ganharás sem a ela sacrificar, como ocorre com tanta frequência, a liberdade de tua alma. Abandonado, o resultado disso será simplesmente seres mais violentamente enviado de volta a teus nobres propósitos. A maioria dos grandes homens exerce uma profissão. Muitos deles têm declarado que as duas horas que solicito são suficientes para um futuro intelectual. Aprende a administrar esse pouco tempo. Mergulha todos os dias de tua vida na fonte que sacia e ainda produz sede.

Desejas contribuir humildemente para perpetuar a sabedoria entre os seres humanos, recolher a herança dos séculos, fornecer ao presente as regras da mente, descobrir os fatos e as causas, orientar os olhos inconstantes rumo às causas primeiras e os corações rumo aos fins supremos, reviver quando necessário a chama que agoniza, organizar a propaganda da verdade e do bem? Este é o lote a ti reservado. Isso vale sem dúvida um sacrifício suplementar e a manutenção de uma paixão zelosa.

O estudo e a prática daquilo que o padre Gratry denomina *Lógica viva*, isto é, o desenvolvimento de nossa mente ou verbo humano mediante seu contato direto ou indireto com o Espírito e o Verbo divino, esse estudo sério e essa prática perseverante proporcionarão a ti o ingresso no santuário admirável. Estarás entre aqueles que crescem, que conquistam e se preparam para dons magníficos. Tu também um dia, se Deus quiser, ocuparás um lugar na assembleia das mentes augustas.

II

Uma outra característica da vocação intelectual é o trabalhador cristão, que é um consagrado, não dever ser uma pessoa isolada. Em qualquer situação que seja, não importa quão abandonado ou afastado que o suponhamos materialmente, ele não deve se deixar tentar pelo individualismo, imagem deformada da personalidade cristã.

A solidão vivifica tanto quanto o isolamento paralisa e esteriliza. Por força de ser uma alma, cessa-se de ser homem, diria Victor Hugo. O isolamento é desumano, pois trabalhar humanamente é trabalhar com o sentimento dos seres humanos, de suas necessidades, de suas grandezas, da solidariedade que nos une em uma vida estritamente comum.

Um trabalhador cristão deveria viver constantemente no universal, na história. Uma vez que vive com Jesus Cristo, não pode dele dissociar nem os tempos nem os seres humanos. A vida real é uma vida em comum, uma vida familiar imensa tendo a caridade por lei: se o estudo pretende ser um ato de vida, não a arte pela arte e uma apropriação especulativa do abstrato, deve se deixar reger por essa lei de unidade cordial. "Nós oramos diante do crucifixo", diz Gratry — também devemos aí trabalhar — "mas a verdadeira cruz não é isolada da terra."

Um verdadeiro cristão terá incessantemente sob o olhar a imagem deste globo no qual a cruz está plantada, no qual os seres humanos necessitados erram e sofrem, e no qual o sangue redentor, em um fluxo de numerosos filetes, procura com eles topar. Aquilo que ele detém de claridade o investe de um sacerdócio; aquilo que deseja adquirir dessa luz constitui uma promessa implícita de dádiva. Toda verdade é prática; aquela que é aparentemente a mais abstrata, a mais elevada, é também a mais prática. Toda verdade é vida, diretriz, caminho tendo em vista a meta humana. Eis por que Jesus Cristo disse a título de uma afirmação única: "Eu sou o caminho, a verdade e a vida".

Trabalha, portanto, sempre no âmbito de um espírito voltado para a utilização, conforme indica o Evangelho. Ouve o gênero humano a murmurar em torno de ti. Distingue aí estes ou aqueles, indivíduos ou grupos cuja indigência conheces; descobre aquilo que é capaz de tirá-los da noite que os envolve e enobrecê-los, aquilo que de perto ou de longe os salva. As únicas verdades santas que existem são as redentoras, e foi por conta de nosso trabalho como de tudo o mais que o Apóstolo disse: "A vontade de Deus é a vossa santificação!".

Jesus Cristo precisa de nossa mente para sua obra tal como precisara, sobre a Terra, de sua própria mente humana. Tendo ele desaparecido, nós o continuamos; somos possuidores dessa honra incomensurável. Somos seus "membros", daí compartilharmos de seu espírito, daí sermos seus cooperadores. Por meio de nós, ele age externamente e, mediante Seu Espírito inspirador, internamente, como enquanto vivo agia externamente mediante sua voz e internamente mediante sua graça. Sendo o nosso trabalho um elemento necessário dessa ação, trabalhemos como Jesus meditava, bebendo como ele bebia nas fontes do Pai visando vertê-las para a humanidade.

III

Em seguida, pondera que, se todos os tempos são iguais diante de Deus, se sua eternidade é um centro radiante ao qual todos os pontos da circunferência do tempo chegam com a mesma distância, o mesmo não ocorre no que se refere às épocas e a nós, habitantes da circunferência. Nós estamos aqui sobre a roda colossal, não em outro lugar. Se estamos neste lugar, é que Deus nos instalou neste lugar. Todos os momentos da duração nos dizem respeito e todos os séculos são nossos próximos, tal como todos os seres humanos. Mas a palavra "próximo" é um termo relativo ao qual a sabedoria providencial confere um significado preciso para cada um, e ao qual cada um, em sua sabedoria submissa, deve conferir a essa palavra também um significado.

Eis-me aqui, homem do século XX, contemporâneo de um drama permanente, testemunha de agitações talvez jamais vistas pelo mundo desde o surgimento das montanhas e a expulsão dos mares para o interior de suas cavernas. O que tenho a fazer por este século ofegante? Mais do que nunca, o pensamento espera pelas pessoas, e as pessoas, pelo pensamento. O mundo está em perigo por falta de máximas de vida. Estamos em um trem lançado a toda velocidade que não conta com sinalizações visíveis, para o qual não há agulheiros. O planeta desconhece sua destinação, é abandonado por sua lei: quem irá restituir o seu sol?[5]

O que digo acima não objetiva restringir o campo da pesquisa intelectual e confiná-la ao estudo exclusivamente religioso. Isso ficará bem evidenciado. Já afirmei que toda verdade é prática, que toda verdade é salvadora. Mas indico um espírito, e esse espírito, quer do ponto de vista da oportunidade quer em termos gerais, exclui o diletantismo.

Exclui igualmente uma certa propensão arqueológica, um amor ao passado que negligencia as dores atuais, uma estima do passado que parece ignorar a presença universal de Deus. Entre todas as épocas inexiste equivalência; entretanto, todas as épocas são cristãs, e há uma que, para nós — e na prática —, supera a todas: a nossa.[6] Com ela em vista se encontram nossos recursos naturais, nossas disposições positivas[7] de hoje e de amanhã e, portanto, também os esforços que a eles devem corresponder.

Não nos assemelhemos aos que ostentam sempre o ar de carregadores dos ataúdes ou das mortalhas nos funerais do passado. Utilizemos na vida o valor dos mortos. A verdade é sempre nova. Como a erva matutina recoberta por um delicado orvalho, todas as virtudes antigas desejam florescer novamente. Deus não envelhece. É necessário ajudar esse Deus a renovar não os passados sepultados e as crônicas extintas, mas a face eterna da Terra.

Tal é o espírito do intelectual católico, tal é sua vocação. Quanto mais cedo ele conceder precisão a essa informação geral por meio da descoberta do gênero de estudos ao qual deve se devotar, maior será o valor disso.

Ouve, agora, quais são as virtudes[8] que Deus dele exige.

---

5. Este livro foi publicado pela primeira vez em 1921, em pleno pós-guerra, já que a Primeira Guerra Mundial, travada na Europa, terminara em 1918. (N.T.)
6. O autor escreve na primeira parte do século XX. (N.T.)
7. No original, o autor utiliza *"nos grâces"*, literalmente "nossas graças". (N.T.)
8. No original, consta *"vertus"*. Apesar da forte conotação religiosa da obra, a palavra "qualidades" também é aplicável em todo este contexto, ainda que com um viés claramente moral e espiritual. (N.T.)

Capítulo II
As virtudes de um intelectual cristão

> I. As virtudes comuns. — II. A virtude própria do intelectual. — III. O espírito da prece. — IV. A disciplina do corpo.

I

Talvez eu pudesse dizer: a virtude contém a intelectualidade em potência, uma vez que, nos encaminhando para nossa meta, que é intelectual, a virtude equivale ao saber supremo.

Daí extrairíamos muitas coisas. Daí poderíamos, inclusive, extrair tudo, já que a esse primado da ordem moral se liga a dependência relativa do verdadeiro, do belo, da harmonia, da unidade, do próprio ser no que toca à moralidade que está aparentada ao primeiro princípio.

Mas prefiro seguir um caminho mais modesto.

As qualidades do caráter têm, em todas as coisas, um papel preponderante. O intelecto não passa de uma ferramenta: seu manejo determinará seus efeitos. Visando governar bem a inteligência, não é evidente que se exijam qualidades totalmente distintas da própria inteligência? Instintivamente, toda mente íntegra declara que a superioridade em um gênero qualquer inclui uma dose de superioridade espiritual. Para julgar alcançando a verdade é preciso grandeza.

Não haveria algo de chocante na constatação de uma grande descoberta feita por um patife? A inocência de uma pessoa simples sofreria uma ofensa com isso. Fica-se escandalizado com uma dissociação ofensiva à harmonia humana. Não se crê nesses joalheiros que vendem pérolas e não as usam. Parece um paradoxo avizinhar-se da fonte sublime sem adquirir algo de sua natureza moral. Suspeita-se que usufruir do poder da inteligência e com ele construir uma força isolada, uma "bossa", constitui um jogo perigoso, visto que toda força isolada no seio de um todo equilibrado se torna sua vítima.

Se o caráter vier a soçobrar, deve-se então prever que o sentido das grandes verdades sofrerá com isso. A mente, não sendo mais controlada, não encontrando mais seu nível, avançará por declives ruins, e sabe-se que *um pequeno erro no início torna-se grande no fim*. A força da lógica poderá causar a queda vertiginosa daquele cuja alma deixou o discernimento sem salvaguarda. Daí tantos fracassos tremendos e tantos erros grosseiros, por vezes com um toque de gênio, por parte de mestres desorientados.

A vida é uma unidade: seria bastante surpreendente podermos pôr em ação máxima uma de suas funções negligenciando outra, e que viver as ideias não nos ajudasse a percebê-las.

De onde se extrai essa unidade da vida? Do amor. "Diz-me o que amas e direi o que és."

O amor é em nós o começo de tudo, e esse ponto de partida comum do conhecimento e da prática não pode deixar, em certa medida, de solidarizar os caminhos corretos de um e de outra.

A verdade vem para aqueles que a amam, para aqueles que se rendem a ela, e esse amor tem de ser acompanhado da virtude. Por conta disso, a despeito de seus possíveis defeitos, o gênio atuante já é virtuoso; bastaria a favor de sua santidade que fosse mais plenamente ele próprio.

O verdadeiro cresce no mesmo solo onde cresce o bem; suas raízes se comunicam. Destacados dessa raiz comum e assim menos unidos ao seu solo, um ou outro padece, a alma se torna anêmica ou a mente se estiola. Pelo contrário, nutrindo o verdadeiro se produz o esclarecimento da consciência; fomentando o bem orienta-se o saber.

Pondo em prática a verdade que conhecemos, passamos a merecer aquela que ignoramos. Merecemo-la aos olhos de Deus; merecemo-la igualmente mediante um mérito que se coroa a si mesmo, pois todas as verdades estão associadas, e, sendo a homenagem prática a mais decisiva entre todas, quando a prestamos à verdade da vida nos aproximamos das luzes supremas e daquilo que está em suas dependências. Que eu embarque no afluente, chegue ao rio e deste alcance o mar.

Examinemos mais rigorosamente esta doutrina tão importante, tão importante que o mero fato de recordá-la tornou oportuna a produção deste opúsculo.

Não é a virtude a saúde da alma? E quem dirá que a saúde em nada afeta a visão? Pergunta ao oculista. Um médico inteligente não se satisfaz em medir a curvatura do cristalino e em selecionar os óculos, não se limita a aconselhar o uso de colírios ou de soluções líquidas tópicas; ele se preocupa com tua saúde em geral, com teus dentes, com teu modo de viver, com teus órgãos internos. Não te espantes se já aconteceu de esse médico de um só órgão te interrogar com referência a tua conduta moral.

A visão espiritual não é menos exigente.

Crês que pensamos somente com a inteligência? Será que somos apenas um feixe de faculdades do qual tomamos para isso ou para aquilo o instrumento desejado? Declarava Platão que pensamos "com toda nossa alma". Dentro em pouco iremos muito mais longe e diremos: com todo nosso ser. O conhecimento tem a ver com tudo em nós, do princípio da vida até a composição química da menor célula. As perturbações mentais de toda natureza, os estados de delírio, as alucinações, as astenias e hiperstenias, as incapacidades de adaptação ao real, não importa de que espécie, demonstram bem que não é a mente sozinha que pensa, mas o ser humano.

Como farás para pensar corretamente com uma alma enferma, com um coração deformado pelos vícios, dilacerado pelas paixões, desorientado devido a amores violentos ou detentores de culpa? Há, dizia Gratry, um estado clarividente e um estado de cegueira da alma, um estado sadio e consequentemente sensato, e um estado insensato. "O exercício das virtudes morais", diz a ti, por sua vez, Santo Tomás de Aquino, "virtudes por meio das quais as paixões são refreadas, tem grande importância para a aquisição da ciência."[9]

Tenho certeza disso! Reflete. Do que depende sobretudo o empenho da ciência? Da atenção, a qual fixa o campo da pesquisa, aí nos concentra e instala todas as nossas forças no sentido de dar sustentação nesse ponto; em seguida, depende do discernimento, o que recolhe o produto da investigação. Ora, as paixões e os vícios afrouxam a atenção, dispersam-na, desviam-na, e atingem o discernimento mediante desvios cujos meandros Aristóteles e muitos outros depois dele examinaram.

Todos os psicólogos contemporâneos estão de acordo quanto a isso; a evidência não permite nenhuma dúvida. A "psicologia dos sentimentos" rege a prática, mas também, em larga medida, o pensamento. A ciência depende de nossas orientações relativas às paixões e à conduta moral. Tranquilizar-nos significa libertar em nós o sentido do universal; corrigir-nos significa libertar o sentido do verdadeiro.

Prossegue refletindo. Quais são os inimigos do conhecimento? Evidentemente, a ausência de inteligência. Portanto, o que dizemos dos vícios, das virtudes e de sua função na ciência pressupõe indivíduos, de outros pontos de vista, iguais. Mas, além da estupidez, quais os inimigos temidos por ti? Não pensas na preguiça, na qual são sepultados os melhores dons? Na sensualidade, que enfraquece o corpo e a ele traz letargia, enevoa a imaginação, embrutece a inteligência, dissipa a memória? No orgulho, que ora ofusca com seu brilho intenso, ora traz as trevas, que tanto nos impele em nosso próprio sentido a ponto de permitir que o sentido universal nos escape? Na inveja, que rejeita obstinadamente uma luz que pertence ao nosso semelhante? Na irritação, que repele as críticas e chafurda no erro?

Excluindo esses obstáculos, um estudioso atingirá uma altura maior ou menor segundo seus recursos e seu meio, mas alcançará o nível de seu próprio talento, de seu próprio destino.

Todos os defeitos mencionados atraem-se, ademais, com maior ou menor intensidade, um ao outro; formam intersecções, ramificam-se

---

9. VII *Physic*, lib. 6.

e são relativamente ao amor pelo bem ou ao desprezo pelo bem o que são para a fonte os filetes de água em intersecção. A pureza do pensamento exige a pureza da alma: eis aí uma verdade geral e inegável. Que o neófito da ciência dela se impregne.

Vamos nos elevar mais, e uma vez que falamos de fontes, não nos esqueçamos da primeira. A mais segura das metafísicas nos ensina que, nos pontos mais altos, a verdade e o bem não só estão ligados, mas são idênticos.

É preciso afirmar com exatidão que o bem de que falamos desse modo não é, para nos expressarmos propriamente, o bem moral; diretamente, trata-se apenas do bem desejável; entretanto, um desvio nos reconduz de um a outro.

O bem moral é somente o bem desejável medido pela razão e proposto à vontade como um fim. Os fins estão interligados. Todos dependem de um último. É este último que se une ao verdadeiro e se identifica com ele. Associa essas proposições e descobrirás que o bem moral, caso não seja idêntico ao verdadeiro de todas as formas, dele depende, todavia, por meio dos fins do querer. Existe, portanto, entre os dois um vínculo mais ou menos frouxo ou apertado, porém impossível de ser rompido.

Não é por meio do que em nós há de individual que teremos acesso à verdade: é em função de uma participação com o universal. Esse universal, que é simultaneamente verdadeiro e bom, não podemos honrá-lo como verdadeiro, a ele nos unir intimamente, descobrir seus traços e sofrer poderosamente sua influência sem o reconhecer e o servir igualmente como bem.

Escala a Grande Pirâmide por meio de seus degraus gigantescos que tão exatamente representam a ascensão ao verdadeiro: se subires pela orla ao norte, será possível para ti chegar ao topo sem te aproximares da orla ao sul? Se te mantiveres à distância desta, permanecerás nos níveis baixos; se te afastares dela, irás enviesar e descer. Assim, o gênio do verdadeiro tende, por si mesmo, a unir-se ao bem; se dele se afasta, é à custa de seu impulso rumo aos cimos.

Bem-aventurados os puros de coração, disse o Senhor, *eles verão a Deus*. "Preserva a pureza da consciência", diz Santo Tomás ao seu discípulo; "não deixes de imitar a conduta dos santos e dos homens de bem." A obediência da alma à fonte inefável, suas disposições filiais e amorosas abrem-na à invasão das luzes como àquela dos fervores e das retidões. Amada e realizada como vida, a verdade se revela como princípio; nossa visão é determinada pelo que somos; participamos da verdade participando do Espírito segundo o qual ela existe. As grandes intuições pessoais, as luzes penetrantes provêm, igual ao valor, do aperfeiçoamento moral, do desapego de si e das banalidades costumeiras, da humildade, da simplicidade, da disciplina dos sentidos e da imaginação, do impulso para os grandes propósitos.

Não se trata mais aqui de provar a própria destreza, de ostentar o brilho das próprias faculdades como se fosse uma joia; o que se deseja é a comunicação com o centro que concede luz e vida; aborda-se esse centro em sua unidade tal como ele é; nós o adoramos e renunciamos ao que é hostil a ele para que sua glória nos inunde. Não será isso um pouco do significado total da célebre frase: "Os grandes pensamentos provêm do coração"?

II

Eis-nos, portanto, assegurados de que a virtude em geral é necessária à ciência e de que, quanto mais incorporamos essa retidão moral, mais o estudo se torna fecundo. Há, contudo, uma virtude própria do intelectual e convém nela insistir, ainda que ela venha a reaparecer um pouco em toda parte no curso destas páginas.

A virtude própria do estudioso é evidentemente a estudiosidade. Não nos apressemos em ver nisso ingenuidade: nossos mestres na doutrina instalaram muitas coisas nessa virtude e dela afastaram muitas outras.[10]

---

10. Cf. *Santo Tomás de Aquino*, Suma Teológica, IIa, IIae, Q. CLXVII.

Santo Tomás posicionava a estudiosidade abaixo da temperança (moderação) a fim de indicar que, por si mesmo, o saber é sem dúvida sempre bem-vindo, mas que a constituição da vida exige que sejamos *moderados*, isto é, que nos adaptemos às circunstâncias e associemos aos outros deveres uma sede de conhecer que facilmente atinge o excesso.

Quando digo excesso, eu o entendo em dois sentidos. Na esfera da estudiosidade, dois vícios se opõem: a *negligência*, por um lado, e a *vã curiosidade*, por outro. Omitimos aqui a primeira: se ela não vier a se tornar odiosa ao leitor quando este fechar este pequeno volume, será porque ele se desgostou ao longo do caminho ou por termos administrado mal a viagem. Mas não digo outro tanto da *curiosidade*. Esta é capaz de tirar proveito dos nossos melhores instintos e viciá-los no próprio momento no qual pretende satisfazê-los.

Já citamos as concepções ligadas à ambição que fazem uma vocação intelectual perder seu rumo. Sem atingir o objetivo, a ambição é capaz de alterar a estudiosidade e seus efeitos úteis. Um ato de ambição no que diz respeito à ciência não é mais um ato de busca do conhecimento, e aquele que dele se ocupa não merece mais o nome de intelectual.

Todo outro propósito pecaminoso atrairia idêntico veredicto.

Por outro lado, o estudo, ainda que desinteressado e em si mesmo correto, nem sempre é oportuno; e se não é, o homem de ciência esquece seu ofício de ser humano, e o que é esse intelectual que é não um ser humano?

Outros deveres distintos do estudo são deveres humanos. O conhecimento, concebido em termos absolutos, é indubitavelmente nosso bem supremo. Mas aquilo que dele fruímos aqui está com frequência subordinado a outros valores que lhe serão os equivalentes sob os auspícios do mérito.

Um sacerdote da região rural que se devota a seus paroquianos, um médico que negligencia os estudos para prestar socorros urgentes, um jovem que assume um ofício para ajudar a família e renuncia assim à cultura liberal não profanam seu talento interior; prestam homenagem a esse Verdadeiro que é, acompanhado do Bem, um único e mesmo Ser. Se agissem diferentemente, não ofenderiam menos a verdade do que a virtude, pois mediante um desvio oporiam a ela mesma a Verdade viva.

Vemos, assim, muitos curiosos da ciência que não hesitam em sacrificar a ela seus deveres mais estritos. Não são mais cientistas, são diletantes. Ou, então, abandonam o estudo que corresponde a suas obrigações e perseguem aquele que lisonjeia seus desejos, e a depreciação é a mesma.

Aqueles que visam algo superior a suas forças e se expõem ao erro, aqueles que malbaratam suas faculdades reais a fim de conquistar faculdades ilusórias são também *curiosos* no sentido antigo da palavra. Dois dos dezesseis conselhos de Santo Tomás no que respeita ao estudo visam a eles: "*Altiora te ne quaesieries*", não busques além de teu alcance; "*Volo ut per rivulos, non statim, in mare eligas introire*", quero que tu decidas entrar no mar pelos riachos, não diretamente. São conselhos preciosos, úteis tanto à ciência quanto à virtude, promovendo o equilíbrio do ser humano.

Não sobrecarregues o solo por meio do excesso; não ergas o edifício mais do que permite a fundação, ou antes de esta estar firme: isso seria levar tudo provavelmente a desmoronar.

Quem és tu? Em que ponto estás? Quais subestruturas intelectuais ofereces? Eis aí o que determina sabiamente teus empreendimentos. "Queres ver coisas grandiosas, planta coisas pequenas", dizem os empregados florestais, o que é, em outras palavras, o conselho tomista. O sábio começa pelo começo e só dá um novo passo depois de haver assegurado o primeiro. É por esse motivo que os autodidatas apresentam tantos pontos fracos. Não é possível começar sozinho pelo começo. Quando se unem ao grupo que já está a caminho, topam com etapas transpostas, e ninguém do grupo lhes mostra as passagens de acesso.

Por outro lado, o que se revela verdadeiro com respeito a cada um quanto às etapas do próprio desenvolvimento é verdadeiro com respeito a cada um em relação aos outros. Não convém superestimar-se, mas sim avaliar as próprias capacidades. Aceitarmo-nos como somos significa obedecer a Deus e assegurar para nós vitórias certas.

A natureza vai em busca de algo que transcende sua própria capacidade? Nela tudo tem uma medida exata, excluindo esforços vãos e avaliações falsas. Cada ser age em consonância com sua quantidade e sua qualidade, sua natureza e sua força, depois do que encontra sua tranquilidade. Somente o ser humano vive de presunções e aflição.

Que ciência e que virtude são julgarmo-nos bem e permanecermos nós mesmos! Há um papel pertencente a ti que somente tu podes desempenhar e que convém desempenhar com perfeição em lugar de procurar violentar a sorte. Os destinos não são intercambiáveis. Tanto ao nos elevarmos quanto ao nos abaixarmos, esforço ascendente ou descendente, podemos nos perder. Segue avante e segundo teu critério, mas com Deus como guia.

Santo Tomás acrescenta a essas medidas de prudência necessárias o cuidado de não deter a própria curiosidade com os objetos inferiores[11] à custa do objeto supremo. Mais adiante tiraremos disso uma consequência importante quanto à organização do trabalho,[12] mas que primeiro o estudo ceda seu lugar à veneração, à prece, à meditação direta das coisas de Deus. Ele próprio é um ofício divino, mas como um reflexo; ele busca e honra os "traços" criadores ou então as "imagens", de acordo com sua sondagem da natureza ou da humanidade; deve, contudo, ceder, a seu tempo, à relação direta; se disso o estudo se esquece, além de um grande dever não ser reconhecido, não se reconhece a imagem de Deus naquilo que é criado, e seus traços só servem para desencaminhar, distanciando-nos Daquele do qual esses traços dão testemunho.

Estudar de forma a não orar mais, a não meditar mais, a não ler mais nem a palavra sagrada nem aquela dos santos, nem aquela das grandes almas, estudar de forma a nos esquecermos de nós mesmos e, concentrados totalmente nos objetos de estudo, negligenciarmos Aquele que habita nosso interior — isso constitui um abuso e é um

---

11. No original, *"objets d'en bas"*, ou seja, objetos *mundanos*. (N.T.)
12. Cf. na sequência *O campo de trabalho: a ciência comparada.*

jogo de tolos. Supor que progrediremos ou que produziremos mais com isso significa dizer que o regato terá um fluxo melhor se secarmos sua fonte.

A ordem da mente deve corresponder à ordem das coisas. Na realidade, tudo se eleva para o divino, tudo dele depende porque tudo dele procede. Na efígie do real dentro de nós, as mesmas dependências se fazem presentes, a menos que não tenhamos perturbado as relações do verdadeiro.

III

Essas disposições permanecerão incólumes se, independentemente da devoção que antecede o estudo, se cultiva no próprio trabalho o espírito da prece.

É ainda Santo Tomás que diz ao apaixonado pela ciência: "*Orationi vacare non desinas*", jamais abandone a prece, e Van Helmont[13] explica a nós esse preceito ao pronunciar esta frase sublime: "Todo estudo é um estudo da eternidade".

A ciência é um conhecimento pelas causas, afirmamos incessantemente. Os detalhes nada são; os fatos nada são. O que importa são as dependências, as comunicações que exercem influência, as ligações, as permutas que constituem a vida da natureza. Ora, por trás de todas as dependências está a dependência primordial; no nó de todas as ligações, o *laço* supremo; no cume das comunicações, a *fonte*; abaixo das permutas, o *dom*; abaixo da sístole e da diástole do mundo, o *coração*, o imenso *coração do ser*. Não é preciso que a mente a eles se reporte incessantemente e que não perca por um minuto o contato daquilo que é assim o todo de todas as coisas e, consequentemente, de toda ciência?

A inteligência só desempenha plenamente seu papel exercendo uma função religiosa, isto é, prestando uma veneração à verdade

---

13. Jan Baptista van Helmont (1580-1644), químico e médico flamengo. (N.T.)

suprema por meio do verdadeiro, tanto o verdadeiro que se concentra quanto aquele que se dispersa.

Cada verdade é um fragmento que exibe seus vínculos em todas as partes. A Verdade em si mesma é una, e a Verdade é Deus.

Cada verdade é um reflexo: por trás do reflexo e lhe atribuindo valor está a *luz*. Cada ser é uma testemunha; cada fato é um segredo divino: além deles está o objeto da revelação, o herói do testemunho. Tudo que é verdadeiro destaca-se no infinito tanto quanto sobre sua base de perspectiva; está aparentado a ele; pertence a ele. Ainda que uma verdade particular se empenhe em ocupar o palco, as imensidades vão mais longe. Poder-se-ia dizer: uma verdade particular não passa de um símbolo, um símbolo real, um sacramento do absoluto; ela simboliza e ela é, porém não por si mesma; não é autossuficiente; ela possui uma vida emprestada e morreria se abandonada na sua inconsistência.

Para a alma no seu pleno despertar, toda verdade é, portanto, um ponto de encontro. O *pensamento* soberano convida o nosso a comparecer a ele: faltaremos a esse encontro sublime?

A vida do real não está toda naquilo que se vê, naquilo que se analisa por meio da ciência. O real possui uma vida oculta, como Jesus, e essa vida é também uma vida em Deus; é como uma vida de Deus; é uma revelação de Sua sabedoria mediante as leis, de Seu poder mediante os efeitos, de Sua bondade mediante as utilidades, de Sua tendência à difusão mediante as permutas e mediante o crescimento. Convém venerar e amar esse tipo de encarnação no próprio contato Daquele que se encarna. Destacar esse "corpo de Deus" de seu Espírito é abusar dele, tal como é abusar do Cristo nele ver unicamente o homem.

A encarnação do Cristo atinge a comunhão, na qual não se dissocia o corpo, o sangue, a alma e a divindade do Salvador. A quase encarnação de Deus no ser, da Verdade eterna em cada caso do verdadeiro, deve também atingir um êxtase celeste em lugar de nossas pesquisas desatentas e nossos deslumbramentos banais.

Decidamo-nos a trabalhar sustentados pelas asas das grandes leis e submetidos à Lei suprema. Nem o conhecimento nem qualquer manifestação da vida devem ser destacados de suas raízes existentes na alma e no real, aí onde o Deus do coração e o Deus celestial se revelam e se unem. É entre nossos atos (inclusive o ato de aprender) e nossos pensamentos e nossas realidades primordiais que a unidade deve ser constituída. Em tudo tenhamos a alma inteira, a natureza inteira, a duração inteira e a própria Divindade conosco.

Para obter esse espírito da prece presente na ciência, não é, ademais, necessário dedicar-se a algum encantamento misterioso. Não requer nenhum esforço extrínseco. Não há dúvida de que a invocação de Deus e de Sua intervenção especial tem aqui seu lugar. Santo Tomás sempre orava antes de proferir seus discursos ou fazer suas pregações; para isso compôs uma oração admirável:[14] o filho da ciência que balbucia procura muito naturalmente a palavra que lhe falta no olhar divino. Mas, na própria ciência, na ciência cristã, descobre-se o escadote[15] que, nos elevando rumo a Deus, nos permitirá retornar ao estudo com uma alma mais iluminada e como que munidos dos dons do profeta.

Tudo aquilo que instrui conduz a Deus por um caminho velado. Toda verdade autêntica é, por si mesma, eterna, e a eternidade da qual ela é portadora orienta para aquela da qual ela é a revelação. Através da natureza e da alma, para onde podemos ir senão para a fonte da natureza e da alma? Se não a atingimos, é que nos desviamos no caminho. De um salto, a mente inspirada e correta transpõe os intermediários, e a toda questão nela suscitada, a despeito de algumas respostas particulares que possa ela apresentar, uma voz secreta responde: Deus!

Como consequência, só resta deixar a mente por um lado sob seu impulso e, por outro, por conta de sua atenção para que, entre o objeto de um estudo particular e aquele da contemplação religiosa,

---

14. Cf. *Les Prières de Saint Thomas d'Aquin* [As orações de Santo Tomás de Aquino]. *Art Catholique*, Paris.
15. No original, "*escabeau*", pequena escada portátil. (N.T.)

um vaivém se estabeleça em proveito de um e do outro. A partir de um impulso rápido e, com frequência, inconsciente, passa-se do *vestígio* ou da *imagem* a Deus, e daí voltando a saltar equipados com novas forças retomamos os rastros do divino Caminhante. O que aí se descobre é então objeto de maior reflexão e de louvor; vê-se aí um episódio que contém um evento espiritual colossal; mesmo nos ocupando de um nada, nos sentimos recebedores de verdades diante das quais montanhas são efêmeras. O *ser* infinito e a duração infinita nos envolvem, e nosso estudo é verdadeiramente "um estudo da eternidade".

IV

Já dissemos que a doutrina relativa à natureza composta do ser humano opõe-se a uma dissociação das funções espirituais e das funções corpóreas aparentemente mais estranhas ao pensamento puro. Santo Tomás concede sua assinatura a este pensamento irônico de Aristóteles: É tão ridículo dizer que somente a alma compreende quanto dizer que ela é sozinha construtora ou tecelã.[16] Ele próprio apresenta essas proposições aparentemente materialistas: "As diversas disposições dos seres humanos em relação às operações da alma estão sujeitas às diversas disposições de seus corpos",[17] "À boa compleição corpórea corresponde a nobreza da alma".[18]

Nada há de surpreendente nisso. O pensamento nasce em nós após preparações de longa duração nas quais a máquina corpórea inteira está em operação. A química das células é a base de tudo. As sensações mais obscuras preparam nossa experiência; esta é o produto do trabalho dos sentidos que elaboram lentamente suas aquisições e as fixam por meio da memória. É em meio de fenômenos fisiológicos, em continuidade com eles e sob sua dependência que o fato

---

16. Q. XIX *de Veritate*, art. 1, arg. 1.
17. *De Memoria*, lect. 1.
18. *In* II *de Anima*, lect. 19.

intelectual é produzido. Ninguém pensa, mesmo que se limite a utilizar uma ideia adquirida, sem evocar todo um conjunto de imagens, de emoções, de sensações que constituem o caldo de cultura da ideia.

Quando queremos despertar em alguém um pensamento, qual o meio de que dispomos? Exclusivamente do seguinte: nele produzir mediante a palavra, mediante os signos, estados de sensibilidade e de imaginação, de emoção, de memória nos quais ele descobrirá nossa ideia e poderá torná-la sua. É somente por meio do corpo que a mente se comunica. De idêntico modo, é somente por meio do corpo que a mente de cada um se comunica com a verdade e consigo mesma, de tal maneira que a mudança que experimentamos da ignorância ao conhecimento deve ser atribuída, segundo Santo Tomás, diretamente ao corpo e apenas "por acidente" à parte intelectual.[19]

Tal doutrina, incessantemente retomada pelo Doutor, tão essencialmente, tão providencialmente moderna, não deveria gerar a convicção de que, para pensar, sobretudo para pensar com ardor e sabedoria ao longo de uma vida inteira, se faz indispensável submeter ao pensamento não só a alma e suas diversas faculdades, mas também o corpo e todo o conjunto das funções orgânicas? Tudo, junto a um intelectual, deve ser intelectual. O complexo físico e mental, a substância humana estão a serviço dessa vida especial que, em certos aspectos, parece tão pouco humana que a ela não se opõem entraves! Tornemo-nos uma harmonia cujo resultado será a conquista do verdadeiro.

Ora, há duas coisas que é necessário considerar, uma e outra independentemente de qualquer aspecto humano, ainda que a primeira costume chocar indivíduos munidos de espiritualidade cujo juízo é de precária firmeza.

Em primeiro lugar, não te envergonhes de ter em mente teu bem-estar.

---

19. Santo Tomás. Q. XXVI, *de Veritate*, árt. 3, ad. 12m.

Gênios tiveram uma saúde deplorável, e se Deus quer que assim seja contigo, não o discutamos. Mas se assim ocorrer por ação tua, trata-se de um exemplo de *tentar a Deus* de elevada culpabilidade. Estás realmente seguro, discípulo dos gênios, de possuíres como eles bastante vigor para extrair um triunfo da luta incessante da alma contra a debilidade de sua carne? Nada nos diz que os próprios gênios não tenham assistido a suas falhas fisiológicas desviarem ou reduzirem seus talentos. Muitas anomalias intelectuais nos mais bem dotados talvez fossem explicadas assim, do mesmo modo podendo ser explicada a sofrível produção de alguns entre eles.

Diante da igualdade de dons, é certo que a doença constitui uma inferioridade grave; ela diminui a produtividade, usurpa a liberdade da alma quando esta exerce suas delicadas funções, desvia a atenção, pode falsear o juízo por conta dos efeitos da imaginação e da emotividade provocada pelo sofrimento. Uma enfermidade do estômago altera o caráter de uma pessoa, e seu caráter altera seus pensamentos. Se Leopardi[20] não tivesse sido a criatura débil e deformada que foi, estaria ele no elenco dos pessimistas?

Quando se trata para ti de ter um alto nível de vida, não crê, portanto, que estarás rebaixando a discussão ao te preocupares simultaneamente com o pensamento e de todos os aspectos de sua subestrutura. "Uma alma sã em um corpo são" é certamente sempre o ideal. O pensador possui uma fisiologia especial; é preciso que cuide dela e que não receie consultar o especialista no assunto.[21]

Em todo o caso, as prescrições correntes devem ser obedecidas. Uma boa higiene é para ti uma virtude quase intelectual. Entre nós, modernos, meio em que a filosofia é por vezes tão pobre, a higiene é rica. Não a desprezes: ela enriquecerá tua filosofia.

Leva na medida do possível uma vida ao ar livre. É fato reconhecido a atenção, este nervo da ciência, estar em correlação estreita com a respiração e, a favor da saúde em geral, sabe-se que a abundância de oxigênio

---

20. Giacomo Leopardi (1798-1837), poeta italiano. (N.T.)
21. Cf. *Réveillé-Parise: Physiologie et hygiène des hommes livrés aux travaux de l'esprit* (Réveillé-Parise: Fisiologia e higiene dos homens entregues às obras do espírito), 1881.

constitui uma condição primária. Janelas abertas noite e dia quando a prudência o permitir, exercícios frequentes de respiração profunda, principalmente associados a movimentos que os ampliam e os tornam normais,[22] caminhadas se alternando com o trabalho, e mesmo se combinando com ele conforme a tradição grega: eis aí excelentes práticas.

É importante trabalhar em uma posição que descongestiona os pulmões e não comprime as vísceras. Convém interromper uma vez ou outra um processo de atividade rigorosa para respirar profundamente, para alongar os membros executando dois ou três movimentos ritmados que relaxam o corpo e o impedem, se me é permitido dizer, de contrair rugas impróprias. Foi descoberto que exercícios de respiração lenta e profunda praticados de pé nos elevando na ponta dos pés, com a janela aberta, são ainda muito mais eficazes. Não sejas negligente em nada quanto a tua saúde, pois a consequência pode ser a congestão de teus órgãos e seu estiolamento.

Cada dia exige uma sessão de exercícios. Lembra das palavras do médico inglês: "Aqueles que não encontram tempo para praticar exercícios deverão encontrar tempo para serem doentes". Se tu não podes fazer exercícios ao ar livre, há excelentes métodos a título de substituição. Aquele de J.-P. Muller é um dos mais inteligentes. E existem outros.[23]

Seria igualmente precioso à mente e ao corpo um trabalho manual suave e que proporcionasse distração. Nossos pais não o ignoravam, mas o nosso século se tornou um insano que ri da natureza, sendo esta a razão de a natureza se vingar.[24] Reserva para ti todo ano e, secundariamente, no desenrolar do ano, tempo para férias com seriedade, pelo que não entendo a ausência total de trabalho, o que relaxaria excessivamente faculdades espontaneamente inclinadas à volubilidade, mas sim a predominância do repouso, de ar livre e dos exercícios junto à natureza.

---

22. Cf. J.-P. Muller. *Mon système de respiration* (Meu sistema de respiração) (Ed. Lafitte).
23. J.-P. Muller: *Mon système...* (Ed. Lafitte).
24. Sertillanges escreve no início do século XX, mas suas palavras são, infelizmente, proféticas. (N.T.)

Cuida de tua alimentação. Uma nutrição leve, simples, moderada na quantidade e na simplicidade do preparo tornará possível para ti trabalhar com maior perspicácia e de modo mais solto. Não cabe a um pensador passar a vida suportando longos processos de digestão.

Atenta ainda mais para o teu sono. Nem dorme demais nem demasiado pouco. Demais torna o sangue e o pensamento mais pesados, mais impuros, mais densos; demasiado pouco acarreta o prolongamento impróprio diante dos estímulos do trabalho e uma tensão de risco diante deles. Observa a ti mesmo. Em matéria de sono, como no que diz respeito à nutrição, descobre a medida que convém a ti e a acata resolutamente. Neste caso não existe uma lei comum.

Em síntese, compreende que o cuidado do corpo, instrumento da alma, é para o intelectual virtude e sabedoria; Santo Tomás nele reconhece abertamente esse caráter e incorpora essa sabedoria do corpo entre os elementos que concorrem para a beatitude temporal, que constitui o começo da outra.[25] Não te convertas em um raquítico, em um fracassado que seria talvez posteriormente um embrutecido, um velho antes do tempo e, portanto, um tolo despenseiro no que toca ao talento que lhe foi confiado pelo Mestre.

Mas a preocupação do parceiro corpóreo comporta também outros elementos. Referimo-nos às paixões e aos vícios como formidáveis inimigos da mente. Pensávamos então em seus efeitos psicológicos, nas perturbações que causam ao discernimento, à orientação da mente, que, ao atingirem certo grau, são transformadas por eles em um poder das trevas. Agora trata-se de seus efeitos físicos que, indiretamente, se convertem em enfermidades da alma.

Se permanecemos gulosos, preguiçosos, dorminhocos e glutões;[26] se abusamos do vinho, do álcool, do tabaco; se esquecemos de nós mesmos em meio a excitações perniciosas, em meio a hábitos ao

---

25. *Contra Gentes*, III, cap. CXLI.
26. No original, *"esclave de l'oreiller et de la table"*, literalmente "escravo do travesseiro e da mesa". (N.T.)

mesmo tempo debilitantes e enervantes, em pecados que talvez sejam periodicamente perdoados mas cujos efeitos perduram, como iremos praticar a higiene cuja necessidade acabamos de sustentar?

Um amante do prazer é um inimigo de seu corpo e se torna, assim, prontamente um inimigo de sua alma. A mortificação dos sentidos é requisito para o pensamento e somente ela pode nos conduzir a esse *estado de visão clara* de que nos falava Gratry. Se obedeces à carne, estás a caminho de te tornares carne, quando é necessário que te tornes todo espírito.

Por que Santo Tomás é chamado de Doutor Angélico? Unicamente devido ao seu gênio dotado de asas? Não, mas porque tudo nele se subordinava ao seu pensamento genial e santo, porque sua carne, nascida do litoral do Tirreno, havia se revestido das alvuras do Carmelo e do Hermon; porque casto, sóbrio, pronto para o arrebatamento e distanciado de todos os excessos, ele era por inteiro uma alma, "uma inteligência servida por órgãos", segundo a célebre definição.

A disciplina do corpo e sua mortificação unidas aos cuidados necessários, dos quais elas, por si mesmas, formam a melhor parte, são, trabalhadores cristãos e, sobretudo, vós, jovens, uma das mais preciosas salvaguardas de vosso futuro.

Capítulo III
A organização da vida

I. Simplificar. — II. Preservar a solidão. — III. Cooperar com seus iguais. — IV. Cultivar as relações necessárias. — V. Conservar a dose necessária de ação. — VI. Em tudo manter o silêncio interior.

I

Para que tudo em ti se dirija ao trabalho, não basta que te organizes internamente, que concedas precisão a tua vocação e que administres tuas energias: é preciso também que organizes tua vida; quero dizer no que diz respeito a seu ambiente, a suas obrigações, a seus contatos, a seu cenário.

Uma palavra se apresenta aqui hegemônica: simplifica. Tens diante de ti uma viagem árdua: não te sobrecarregues com excesso de bagagem. Pode ser que não venhas a ter absoluto controle sobre isso e, nesse caso, de que serviria, é o que pensas, estabelecer regras? Estás errado! Em circunstâncias externas idênticas, um espírito de simplificação é de grande ajuda, e o que não se descarta para fora pode sempre ser descartado da própria alma.

"Tu não atrelarás juntos o asno e o boi", diz a Lei: o trabalho pacífico e sábio não deve estar associado às tensões caprichosas e turbulentas de uma completa vida social externa. Certo ascetismo é, sob essa forma ainda, o dever do pensador. A especulação religiosa ou laica, científica, artística, literária não se ajusta às comodidades demasiado onerosas e a suas complicações. "Os grandes homens possuem pequenos leitos", observa Henri Lavedan.[27] O talento requer que se pague a taxa correspondente à eliminação do luxo. Os dez por cento desse privilégio não arruinarão o talento e este não ficará com o ônus de seu pagamento, mas antes nossos defeitos, decerto nossas tentações, e o benefício disso será duplo.

Hospedar a ciência não exige móveis raros nem grande número de serviçais. Muita paz, um pouco de beleza, certas conveniências que poupam tempo é tudo de que se necessita.

Deves reduzir o ritmo de tua vida. Recepções, saídas que acarretam novos encargos, relacionamentos formais com os próprios vizinhos, todo o ritual complicado de uma vida artificial que tantas pessoas mundanas amaldiçoam em segredo não são ocupações do trabalhador intelectual. A vida mundana é letal para a ciência. O intelectualismo que não dispensa a ostentação e aquele que não dispensa a dissipação são inimigos mortais do intelectual genuíno. Quando pensamos em um gênio, não o imaginamos saindo para jantar.

Não te deixes prender nessa engrenagem que pouco a pouco monopoliza o tempo, as preocupações, as disponibilidades, as energias. Não admitas que as convenções sejam teus ditadores. Sejas tu mesmo teu próprio guia. Acata convicções, não as formalidades sociais; além disso, as convicções de um intelectual devem dizer respeito a sua meta.

Uma vocação requer concentração. O intelectual é alguém consagrado: que não se disperse em meio a futilidades exigentes. Que lance todos os seus recursos ao fogo da inspiração, como Bernard Palissy[28] sacrificava seus móveis. O trabalho e suas condições são tudo. O dinheiro e os cuidados dissipados em insignificâncias seriam muito mais úteis se empregados na formação de uma biblioteca, na realização de uma viagem instrutiva, no gozo de férias repousantes ou de apresentações musicais que reacendem a inspiração, e assim por diante.

---

27. Henri Léon Émile Lavedan (1859-1940), dramaturgo francês. (N.T.)
28. Bernard Palissy (1510-1589), sábio, ceramista e esmaltador francês. (N.T.)

Aquilo que favorece teu trabalho é sempre oportuno; quanto ao que constitui para ele obstáculo e te confunde, deve ser excluído, pois, além dos inconvenientes imediatos, tu serias assim estimulado à busca de ganho e perderias o rumo de teu esforço. O sacerdote tem o direito de viver graças ao altar, ao passo que o estudioso, de seu trabalho, mas não se diz a missa por dinheiro e não se deve ter este em vista ao pensar e escrever.

Se estás entre esses que têm de ganhar a vida fora do trabalho de sua escolha, como, no caso de sobrecarga na vida, preservar para ti as poucas horas de que dispões? Trata-se de reduzir a matéria ao mínimo a fim de aliviar o peso para o espírito, a fim de libertá-lo.

No tocante a isso, a esposa de um intelectual tem uma missão que talvez seja bom assinalarmos aqui: sucede com frequência de ela a esquecer e, em lugar de ser a Beatriz,[29] tudo que sabe ser é a papagaia tagarela e dissipadora!

Toda mulher deve esposar a carreira de seu marido; o centro de gravidade da família é sempre o labor do pai. Nele reside a vida produtiva e, portanto, também o dever essencial. E isso é tanto mais verdadeiro quanto mais nobre e laboriosa a carreira abraçada. A vida comum tem aqui por centro um ponto culminante, no qual a mulher deve se instalar em lugar de procurar afastar desse cume o pensamento do homem. Arrastá-lo para insignificâncias desvinculadas de suas aspirações significa produzir no marido uma aversão em meio a essas duas vidas que se contradizem. Que a filha de Eva pense nisso e não ofereça mais razão do que a de direito ao "*divisus est*" de São Paulo.[30] Se o homem casado é, de certa maneira, "dividido", que ele seja também duplicado. Deus lhe concedeu *uma ajuda semelhante a ele*: que ela não se torne *diferente*. As tensões ocasionadas pela incompreensão da alma-irmã são fatais à produção; levam o espírito a viver em uma inquietude que o corrói; a ele nenhum impulso para o alto e nenhuma alegria estão mais

---

29. Referência a Beatrice Portinari (1266-1290), dama florentina que foi a musa do célebre Dante Alighieri, poeta italiano (1265-1321). (N.T.)
30. Saulo de Tarso (?-67), rabino judeu que se converteu ao cristianismo e se tornou o seu grande propagador. Ver *Epístolas* (Cartas) no Evangelho. (N.T.)

reservados, e como poderia o pássaro voar sem suas asas, o pássaro e a alma despojados do seu canto?

Que a guardiã do lar, portanto, não seja o seu gênio do mal, que ela seja dele a musa. Tendo esposado uma vocação, que tenha ela também a vocação. Realizar pessoalmente ou por meio de seu marido, que importância tem isso? De um modo ou outro deve realizar, visto que é uma só carne com aquele que realiza. Sem necessidade de ser uma intelectual, e menos ainda uma mulher de letras ou uma autora pedante e pretensiosa, ela está capacitada a produzir muito contribuindo para a produção do marido, obrigando-o a se controlar, a dar o máximo de si, reerguendo-o após quedas inevitáveis, endireitando-o por ocasião de seus arqueamentos, consolando-o frente a seus desapontamentos causados pelos malogros sem para ele acentuá-los por conta de insistir excessivamente, trazendo lenitivo para suas aflições, tornando-se sua doce recompensa após seu labor.

Ao findar o trabalho, o homem é como alguém ferido. Carece ser cercado de cuidados e necessita tranquilidade: nada de forçá-lo, que relaxe e receba encorajamento; que haja interesse pelo que ele faz; que este seja redobrado nos momentos em que ele está como que esgotado devido a um esforço possivelmente excessivo. Em resumo, que sejam para ele uma mãe, e esse forte que é todo fraqueza sentirá que seu vigor se orienta para novos tormentos.[31]

Quanto aos filhos, essa doce complicação deve servir para renovar a coragem em lugar de subtrair do trabalhador intelectual seus recursos. Essas pequenas criaturas tomam muito de ti, e de que serviriam se uma vez ou outra não nos levassem a ficar "furiosos"? Mas elas te proporcionam tanto amor e quem sabe mais do que aquele que consomem; são capazes de elevar tua inspiração combinando-a com júbilo; são para ti reflexos amorosos da natureza e do ser humano e assim te protegem do abstrato; elas te reconduzem ao real, cujos olhos inquiridores esperam de ti um exato comentário. Seus semblantes

---

31. No original, "*de nouveaux tourments*", literalmente, mas a ideia parece ser de novas dificuldades, novas lutas, novos desafios. (N.T.)

puros pregam a ti a integridade, esta irmã do saber, e a facilidade que elas têm de crer, de ter esperança, de alimentar grandes sonhos e de tudo esperar da paternidade que os guia não é também para ti, pensador, um elemento de elevação e um motivo para ter esperança? Nessa imagem do futuro podes ver uma imagem de Deus e um signo de nossos destinos imortais.

Aqueles que renunciaram à família visando dedicarem-se inteiramente ao seu trabalho e Àquele que o inspira têm o direito de regozijar-se com isso na apreciação das liberdades a eles concedidas por esse sacrifício. Esses indivíduos pensarão em seus irmãos sobrecarregados de encargos repetindo para si as palavras joviais de Lacordaire[32] com respeito a Ozanam:[33] "Há uma armadilha que ele não soube evitar: o casamento". Mas o trabalhador intelectual comprometido com esse vínculo pode e deve fazer dele uma força, uma mola propulsora e uma das formas de seu ideal.

II

Na organização da vida, o essencial a ser preservado e protegido e em vista do qual todo o resto é reclamado é a administração exterior e interior da solidão. Santo Tomás tocou tão profundamente nisso e se convenceu dessa ideia a tal ponto que, entre dezesseis conselhos dados ao intelectual, consagra sete aos relacionamentos e à vida isolada. "Quero que fales lentamente e que te dirijas lentamente ao parlatório." "Não indagues em absoluto acerca das ações alheias." "Manifesta amabilidade para com todos", mas "não mostres familiaridade com ninguém, pois excesso de familiaridade gera desprezo e dá ensejo a muitas distrações." "De modo algum te metas nos discursos e ações das pessoas laicas e mundanas." "Evita acima de tudo

---

32. Henri Lacordaire (1802-1861), pregador francês pertencente à ordem dos dominicanos. (N.T.)
33. Antoine Frédéric Ozanam (1813-1853), erudito francês. (N.T.)

todos os passeios inúteis." "Ama tua cela se queres ser admitido na adega dos vinhos."

A adega dos vinhos a que se faz referência aqui, por alusão ao *Cântico dos Cânticos* e ao comentário de São Bernardo,[34] é o abrigo secreto da verdade cujo perfume atrai de longe a Esposa, isto é, a alma fervorosa; é a morada da inspiração, o núcleo ígneo do entusiasmo, do gênio, da invenção, da pesquisa calorosa; é o teatro dos debates da mente e de sua embriaguez sábia.

Para entrar nessa morada, é indispensável abandonar as banalidades, é necessário praticar o retiro, do qual a cela monástica constitui o símbolo. "Nas celas, como ao longo dos grandes corredores," escreve Paul Adam (*Dieu* [*Deus*], p. 67), "o silêncio parece uma pessoa magnífica, vestida da alvura das paredes, e que vigia." Em relação ao que ela se mantém vigilante senão no que diz respeito à prece e ao trabalho?

Portanto, recorre à lentidão ao falar e a ela para dirigir-te ao local onde se proferem os discursos, porque a profusão de palavras faz o espírito *escoar como a água*; remunera mediante tua amabilidade para com todos o direito de só verdadeiramente frequentar algumas casas onde o relacionamento se revela proveitoso; e mesmo junto às pessoas dessas casas evita a familiaridade excessiva que produz rebaixamento e desorientação; não corras atrás das novidades que ocupam a mente de maneira vã; não te metas nas ações e nos discursos *laicos da mundanidade*, isto é, destituídos de relevância moral ou intelectual; evita as movimentações inúteis que consomem as horas e favorecem a desorientação mental. Tais são as condições do recolhimento sagrado. Exclusivamente assim teremos acesso aos segredos reais que produzem a felicidade da Esposa; tão só mediante essa conduta nos instalaremos respeitosamente diante da verdade.

O retiro é o laboratório do espírito; a solidão interior e o silêncio são suas duas asas. Todas as grandes obras foram preparadas no deserto, inclusive a redenção do mundo. Os precursores, os

---

34. Bernard de Clairvaux (Bernardo de Claraval) (1090-1153), sacerdote francês que fundou a Abadia de Clairvaux e criou a ordem de Cister. (N. T.)

continuadores, o Mestre se submeteram ou devem se submeter a uma mesma lei. Profetas, apóstolos, pregadores, mártires, pioneiros da ciência, inspirados de todas as artes, pessoas simples ou o Deus-Homem, todos pagam um tributo ao isolamento, à vida silenciosa, à noite.

Foi na noite astral e no seu vazio solene que o universo foi formado pelo Criador: aquele que deseja saborear as alegrias da criação não deve se apressar para pronunciar o *fiat lux*, nem, sobretudo, passar em revista todos os animais do mundo; que nas sombras propícias ele reserve o tempo, como Deus, para dispor a matéria dos astros.

Os mais belos cantos da natureza ecoam à noite. O rouxinol, o sapo da voz de cristal, o grilo cantam na escuridão. O galo anuncia o dia e não o espera. Todos os anunciadores, todos os poetas e também os pesquisadores e os pregadores de verdades esparsas têm que mergulhar no grande vazio que é uma plenitude.

Nenhum grande homem tentou escapar disso. Lacordaire dizia que construíra para si em seu quarto, entre sua alma e Deus, "um horizonte mais vasto que o mundo" e obtivera para si "as asas do repouso". Emerson[35] se autoproclamava "um selvagem". Descartes[36] encerrava-se em seu "aparelho de calefação". Platão declarara que consumia "mais óleo em sua candeia do que vinho em sua taça". Bossuet[37] levantava-se à noite para encontrar o gênio do silêncio e da inspiração; os grandes pensamentos somente lhe ocorriam quando afastado dos ruídos e das preocupações fúteis. Todo poeta não tem a impressão de que tudo que faz é traduzir nos seus versos as revelações misteriosas do silêncio, ouvidas por ele segundo a fórmula de Gabriele d'Annunzio,[38] como "um hino destituído de voz"?

O que importa deve erigir uma barreira entre si e aquilo que não importa. A vida banal e os *ludibria*[39] aos quais se referia Santo

---

35. Ralph Waldo Emerson (1803-1882), filósofo, ensaísta e poeta americano. (N.T.)
36. René Descartes (1596-1650), filósofo e matemático francês. (N.T.)
37. Jacques Bénigne Bossuet (1627-1704), escritor e orador francês que ocupou, inclusive, o cargo de bispo. (N.T.)
38. Gabriele d''Annunzio (1863-1938), escritor italiano. (N.T.)
39. Em latim no original, pode significar escárnios, gracejos, pilhérias ou brincadeiras. (N.T.)

Agostinho,[40] os folguedos e querelas infantis apaziguáveis com um beijo têm de cessar sob o beijo da musa, sob a carícia embriagadora e calmante da verdade.

"Por que vieste?", perguntava a si mesmo São Bernardo com referência ao claustro: *Ad quid venisti?* E tu, pensador, por que saíste da vida ordinária para adentrares esta vida, esta vida de consagração, de concentração e, consequentemente, de solidão? Não foi em virtude de uma escolha? Não preferiste a verdade à mentira cotidiana de uma vida que se dispersa, e mesmo às preocupações elevadas, porém secundárias da atividade corrente? Diante disso, serás infiel com relação ao objeto de teu culto deixando-te apanhar novamente por aquilo que livremente abandonaste?

Para que o Espírito nos conduza à solidão interior, como Jesus ao deserto, é preciso oferecermos a Ele a nossa própria solidão. Sem retiro não há inspiração. Mas sob o círculo da lâmpada, tal como em um firmamento, todos os astros do pensamento se reúnem.

Quando a tranquilidade do silêncio se apodera de ti e o fogo sagrado crepita só, distante do barulho dos caminhos, e quando a paz, que é a *tranquilidade da ordem*, estabelece a ordem dos pensamentos, dos sentimentos, das investigações, estás na máxima disposição para aprender, tens em tuas mãos o conjunto e podes criar; estás rigorosamente pronto para trabalhar: não é o momento de dar acolhida às misérias, de meramente subsistir enquanto o tempo flui, e vender o céu por um nada.

A solidão permite a ti o contato contigo mesmo, contato efetivamente necessário se quiseres a tua realização: não ser mais o papagaio de algumas fórmulas aprendidas, mas o profeta do Deus interior que fala uma linguagem única a cada um.

Voltaremos a tratar extensivamente dessa ideia de uma instrução especial dirigida a cada um, de uma formação que constitui uma *educação*, quer dizer, um desdobramento de nossa alma, alma única e que

---

40. Aurélio Agostinho (354-430), um dos Pais da Igreja (fundadores da Igreja Apostólica Romana), teólogo e filósofo da patrística, além de bispo de Hipona, na África. (N.T.)

não teve nem terá nenhuma outra igual por todos os séculos, pois Deus não se repete. Mas é preciso estar ciente de que só se pode conseguir esse desdobramento vivendo consigo, estreitamente, na solidão.

O autor de *A imitação* disse: "Sempre que estive entre os homens, menos homem voltei".[41] Leva essa ideia mais longe e afirma: que não me tornasse menos o ser humano que sou, menos eu mesmo. Na multidão, nós nos perdemos a menos que mantenhamos a firmeza, e é necessário primeiro criar essa firmeza. Na multidão, nós nos ignoramos, totalmente obstruídos por um *eu* estranho que é uma multidão.

"Como te chamas? — Legião": tal seria a resposta do espírito disperso e dissipado na vida exterior.

Os higienistas recomendam para a saúde do corpo o banho d'água, o banho de ar e o banho interior de água pura. Eu acrescentaria a esses, para a saúde da alma, o banho de silêncio, com o propósito de tonificar o organismo espiritual, acentuar a própria personalidade e lhe proporcionar o sentimento ativo, como o atleta que sente seus músculos e se prepara para a competição por meio dos movimentos interiores que são sua própria vida.

Disse Ravignan:[42] "A solidão é a pátria dos fortes, o silêncio é sua prece". Com efeito, que prece dirigida à Verdade e que força cooperativa com sua influência no recolhimento prolongado, retomado com frequência em ocasiões determinadas, como se fosse para um encontro que se tornará gradualmente uma continuidade, uma vida estreitamente comum! "Não podemos", diz Santo Tomás, "contemplar a totalidade do tempo, mas aquele que vive apenas para a contemplação, que orienta para ela todo o resto e a retoma sempre que pode, lhe confere uma espécie de continuidade na medida do possível sobre a Terra."[43]

---

41. Alusão à obra *A imitação de Jesus Cristo*, de autoria atribuída ao monge Tomás de Kempis. O trecho citado, constante no capítulo 20 — "Do amor à solidão e ao silêncio" —, por sua vez, é atribuído a Sêneca, em sua epístola número 7. (N.E.)
42. Gustave François Xavier Delacroix Ravignan (1795-1858), pregador, escritor e jesuíta francês. (N.E.)
43. *Suma Teológica* Ia. IIae, q. III, art. 2, ad 4m.

A doçura se mesclará a isso, pois "a cela bem guardada torna-se doce: *cella continuata dulcescit*". Ora, a doçura da contemplação constitui parte de sua eficácia. O prazer, explica Santo Tomás, prende a alma a seu objeto, como um torno; reforça a atenção e desdobra as faculdades de aquisição, que seriam contraídas pela tristeza e pelo tédio. Quando a verdade toma a ti e a penugem de sua asa desliza sob tua alma para elevá-la em impulsos harmoniosos, é o momento de te ergueres com ela e planar, enquanto ela te sustentar, nas regiões excelsas.

Tu não te tornarás por isso o isolado que condenamos. Não estarás longe de teus irmãos por haver largado o barulho que eles fazem e que vos separa espiritualmente, que impede, portanto, a verdadeira fraternidade.

O próximo, para ti, intelectual, é o ser que tem necessidade da verdade, como o próximo do bom samaritano era a pessoa ferida encontrada no caminho. Antes de conceder a verdade, adquire-a para ti e não desperdices a semente de tua semeadura.

Se as palavras de *A imitação* são verdadeiras, longe dos seres humanos tu serás mais ser humano e estarás mais com os seres humanos. Para conhecer a humanidade e servir a ela, é preciso ter acesso ao próprio interior, ali onde todos os objetos que buscamos estão em contato e extraem de nós quer nossa força de verdade, quer nosso poder de amar.

Somente mediante a liberdade interior é possível nos unirmos a qualquer coisa que seja. Permitir-se ser monopolizado, submetido a tensões, seja por pessoas, seja por coisas, significa trabalhar a favor da desunião. Longe dos olhos, perto do coração.

Jesus bem nos mostra que podemos ao mesmo tempo estar totalmente recolhidos em nosso interior e totalmente dadivosos aos outros, inteiramente em uma doação aos seres humanos e inteiramente com Deus. Ele preservou sua solidão; tocou a multidão apenas com uma alma do silêncio, para a qual suas palavras eram como a porta estreita a serviço das permutas da divina caridade. E que eficácia soberana existia nesse contato, que tudo reservava exceto aquele ponto preciso pelo qual Deus podia passar e as almas se unirem a Ele!

Aí só deveria exatamente haver lugar, entre Deus e a multidão, para o Deus-homem e para o homem de Deus, para o homem de verdade e disposto a doar. Aquele que se crê unido a Deus sem estar unido aos seus irmãos é um *mentiroso*, diz o Apóstolo; não passa de um falso místico e, intelectualmente, um falso pensador. Mas aquele que está unido aos seres humanos e à natureza sem estar unido a Deus no segredo, sem ser o cliente do silêncio e da solidão, não é mais do que o súdito de um reino de morte.

III

Todas essas nossas explicações mostram bem que a solidão a qual acabamos de elogiar constitui um valor a ser atenuado por valores correlatos que a completam e que dela se servem. Não defendemos a solidão destituída de objetivo. O sacrifício do relacionamento e da simpatia de nossos irmãos tem uma compensação. Só temos direito a um *isolamento esplêndido*. Ora, este não será tanto mais rico, tanto mais fecundo à medida que os relacionamentos superiores buscados no retiro sejam favorecidos por companhias selecionadas e avaliadas com sabedoria?

O relacionamento primordial do intelectual, aquele que o qualificará segundo o que ele é, sem detrimento de suas necessidades e de seus deveres de homem, é o relacionamento com seus pares. Ainda que eu diga "relacionamento", preferiria dizer "cooperação", pois se relacionar sem cooperar não é produzir trabalho intelectual. Mas quão rara é tal conjunção de mentes nesta época de individualismo e de anarquia social! Padre Gratry o deplorava; sonhava com Port-Royal e desejava fazer do Oratório "um Port-Royal sem o cisma". "De quantas dificuldades poderíamos nos poupar", dizia, "se soubéssemos nos unir ou nos ajudar mutuamente! Se, em número de seis ou sete, acolhendo a mesma ideia, adotássemos o procedimento do ensino mútuo, nos tornando recíproca e alternativamente discípulo e mestre; se mesmo por não sei qual concurso de circunstâncias felizes pudéssemos viver juntos! Se, além dos cursos vespertinos e dos estudos em torno dos cursos, conversássemos ao anoitecer, à mesa durante o jantar, a respeito de todas essas belas coisas, de modo a aprender mais mediante a conversação e a infiltração do que mediante os próprios cursos!"[44]

Os escritórios de trabalho de outrora e, principalmente, os ateliês dos artistas eram núcleos de amizade, famílias; o escritório ou ateliê de hoje é uma prisão, ou um lugar para reunião. Mas será que não contemplaremos, sob a impressão da necessidade que crescentemente percebemos a nosso redor, o retorno do escritório familiar de trabalho, ampliado, externamente aberto e não menos concentrado do que o do passado? Seria o momento de conceber e fundar o escritório intelectual, associação de trabalhadores igualmente entusiastas e aplicados, livremente reunidos, vivendo na simplicidade, na igualdade, nenhum deles pretendendo se impor, ainda que fosse detentor de uma superioridade reconhecida preciosa para o grupo. Distantes de toda competição e de todo orgulho, na exclusiva busca da verdade, os amigos assim reunidos seriam, se me é permitido dizê-lo, multiplicados uns pelos outros, e a alma comum provaria uma riqueza que não pareceria ter suficiente explicação em parte alguma.

Impõe-se ter uma alma tão forte para trabalhar só! Que heroísmo em ser para si mesmo, imerso na solidão, sua própria companhia intelectual, seu próprio encorajamento e sustentação, descobrir em uma pobre vontade isolada a mesma força que poderia existir no impulso de uma massa humana ou na áspera necessidade! Experimenta-se primeiro o entusiasmo; em seguida, assomando a dificuldade, o demônio da preguiça nos diz: De que serve isso? Nossa visão da meta se debilita; os frutos estão demasiado distantes ou nos parecem amargos; temos um vago sentimento de que fomos ingênuos. Decerto o apoio alheio, as trocas de pontos de vista, o exemplo

---

44. *Les sources*, Parte I, cap. VI, 54.

seriam, a atuar contra o desalento, de uma eficácia admirável; supririam para muitos essa capacidade de imaginação e essa constância de virtude que somente alguns possuem e que, entretanto, são necessárias à busca perseverante de uma grande meta.

Nos conventos onde se faz voto de silêncio, onde as pessoas não se visitam, a influência de uma fileira de celas nas quais o trabalho é assíduo estimula e ativa, consequentemente, cada asceta. Esses alvéolos aparentemente isolados constituem uma colmeia; o silêncio é coletivo, e o trabalho, solidário; o acordo das almas ignora as muralhas; um mesmo espírito paira e a harmonia dos pensamentos soergue cada uma delas como um motivo em uma sinfonia que a onda geral dos sons carrega e prolonga. Quando em seguida as permutas de ideias ocorrem, o concerto se enriquece. Cada um se manifesta e escuta, aprende e instrui, recebe e dá, recebendo ainda na medida em que dá, e talvez esse último aspecto da cooperação seja o mais invejado.

A amizade é uma maiêutica: extrai de nós nossos recursos mais ricos e íntimos; nos leva a distender as asas de nossos sonhos e de nossos pensamentos obscuros; controla nossos juízos, experimenta nossas novas ideias, mantém o ardor e inflama o entusiasmo.

Há hoje exemplos disso nos grupos de jovens e nas revistas dos jovens nas quais adeptos convictos assumem uma tarefa e se devotam a uma concepção. Os *Cahiers de la Quinzaine* nasceram desse desejo, *L'Amitié de France*, *La Revue des Jeunes*, as *Revues de Juvisy* e *du Saulchoir Les Lettres* também, que a cada dia mais se compenetram desse propósito. Nesses grupos não se vive junto, mas aí se trabalha com um mesmo ânimo e em um único concerto, aí há mútua crítica, aí há proteção e estímulo ao mesmo tempo graças a um ambiente para o qual uma grande tradição fornece o essencial.

Tenta, se puderes fazê-lo, ingressar em uma fraternidade desse gênero, mesmo estabelecer uma.

De qualquer modo, mesmo no isolamento material, busca em espírito a companhia dos amigos do verdadeiro. Afilia-te a esse grupo, dispõe teu sentimento em fraternidade com eles e com todos os pesquisadores, todos os produtores reunidos pela cristandade.

A *Communion des Saints* [Comunhão dos Santos] não é um falanstério,[45] embora seja uma unidade. "A carne, por si só, não serve para nada"; o espírito, por si só, pode qualquer coisa. A unanimidade útil consiste menos em estar juntos em um lugar ou em um grupo rotulado do que em se esforçar, individualmente, com o sentimento de que outros se esforçam, cada um concentrado em seu próprio posto, outros também concentrados, de modo que uma tarefa seja executada presidida por um mesmo princípio de vida e de atividade, e que as peças do relógio, cada uma objeto da atenção exclusiva de um trabalhador em seu setor, tenham Deus por montador.

IV

Eu disse, inclusive, que a solidão do pensador não significa a exclusão de seus deveres nem o esquecimento de suas necessidades. Há relacionamentos necessários e, justamente por serem necessários, fazem parte de tua vida, até como intelectual, já que não separamos o intelectual do ser humano. Cabe a ti associá-los à intelectualidade, de maneira não só a não constituírem um obstáculo para ela como também de modo a servi-la.

Isso é sempre possível. O tempo concedido ao dever ou à efetiva necessidade jamais é perdido; a preocupação que dedicamos a ele constitui parte da vocação e só seria hostil a ela se a considerássemos abstratamente, independentemente da Providência.

"Não se deve crer," escreve Maine de Biran em seu diário, "que o único e melhor emprego do tempo consiste em um trabalho intelectual regrado, contínuo e tranquilo. Todas as vezes que nossa conduta for correta, em conformidade com a efetiva situação presente, estaremos fazendo um bom uso da vida".

Não penses que teu trabalho importa mais do que ti mesmo, e que até uma quantidade suplementar de possibilidades intelectuais

---

45. Tipo de comunidade de trabalhadores concebido por Charles Fourier (1772-1837), filósofo socialista francês. (N.T.)

pode prevalecer sobre a realização de teu ser. Faz o que deves fazer e o que é preciso fazer; se tua humanidade o exige, saberá muito bem encontrar o acordo consigo mesmo. O bem é o irmão do verdadeiro: ele ajudará seu irmão. Estar lá onde se deve estar, aí fazer o que se deve fazer é preparar a contemplação, nutri-la e deixar Deus para Deus, como dizia São Bernardo.

É penoso sacrificar horas valiosas por conta de visitas e ocupações em si mesmas abaixo de nosso ideal; uma vez, porém, que a trajetória deste mundo é, de qualquer modo, estabelecida para se casar com virtude, é o caso de pensar que a virtude nisso encontrará seu proveito, virtude intelectual ou virtude moral. Em certos dias, será unicamente por meio da moralidade que a intelectualidade atingirá seu ganho, a despeito de suas concessões virtuosas; em outras circunstâncias será mediante ela mesma.

Com efeito, convém não esquecer que, com respeito às visitas que fazes, mesmo aquelas correntes, há, inclusive, algo a ser colhido esparsamente aqui e ali a teu favor. O excesso de solidão haveria de empobrecer-te. Recentemente, alguém escreveu o seguinte: "A dificuldade dos romancistas atuais me parece ser esta: se não frequentam o mundo, seus livros se revelam ilegíveis e, se o frequentam, não dispõem mais de tempo para escrever". É a angústia de estabelecer a justa medida, algo com que topamos em todo lugar! Contudo, romancista ou não, percebes muito bem que não te podes isolar completamente. Nem os monges o fazem. É preciso conservar, em vista do trabalho, o sentimento da alma comum, da vida, e como o terias se, sem comunicação com os seres humanos, tudo que tiveste em mente fosse uma humanidade de sonho?

O homem que se isola excessivamente torna-se tímido, apartado da realidade, um tanto esquisito; titubeia no real tal como marinheiro que acabou de desembarcar; não tem mais o sentimento do destino humano; parece te olhar como uma "proposição" a ser introduzida em um silogismo, ou como um exemplo a ser anotado em um calepino.[46]

---

46. Pequeno caderno para registrar anotações. (N.T.)

A riqueza infinita da realidade tem também algo a nos ensinar. Cumpre frequentá-la em um espírito de contemplação, mas não abandoná-la. E, no real, o que existe de mais importante para nós não é o ser humano, o ser humano que é o centro de tudo, finalidade derradeira de tudo, espelho de tudo e que convida o pensador de quaisquer especialidades a uma confrontação permanente?

Na medida da nossa capacidade de escolher, é necessário nos organizarmos de modo a termos acesso tanto quanto possível às pessoas superiores. Também a esposa do intelectual deve atentar para isso. Não convém que ela abra as portas de sua casa ao acaso; que seu tato seja como um crivo. Em lugar da alta sociedade mundana, que ela acolha a das grandes almas; que em lugar das pretensas pessoas brilhantes, ela acolha as pessoas de peso, instruídas e de sólido discernimento, ciente de que, na vida mundana, quanto mais alguém passa por brilhante, mais terá exterminado a própria inteligência; acima de tudo, que ela não arraste seu marido para o convívio dos tolos, o fazendo seja por leviandade, seja por vaidade, seja por algum interesse inconsequente.

Mas que digo eu? Mesmo os tolos contribuem no sentido de nos servir, além de concorrerem para a realização de nossa experiência. Não os procures; deles há grande quantidade. Mas aqueles com quem topares, saiba servir-se deles, intelectualmente, mediante uma espécie de contraprova e, humanamente, de maneira cristã, mediante o exercício das virtudes que o relacionamento com eles requer de nós.

A sociedade é um livro para ser lido, ainda que seja um livro de banalidades. A solidão é uma obra-prima, mas recorda as palavras de Leibniz,[47] que não encontrava um livro tão ruim que não pudesse dele extrair algo. Não pensas sozinho, como também não pensas com a inteligência sozinha. Tua inteligência se associa a tuas outras faculdades, tua alma se associa a teu corpo e tua pessoa se associa a suas relações. Toda essa combinação é teu ser pensante: executa essa composição da melhor forma que puderes. Mas que seus próprios de-

---

47. Gottfried Wilhelm Leibniz (1646-1716), filósofo e matemático alemão. (N.T.)

feitos, como tuas enfermidades, convertam-se em valores por meio de alguma feliz engenhosidade de tua grandeza de alma.

Quanto ao mais, em teus relacionamentos, comporta-te de tal maneira que sempre tua mente e teu coração estejam sob contrôle: assim, não serás nem invadido nem contaminado no caso de o meio ser medíocre, e, se o ambiente for nobre, ele somente reforçará em teu interior os efeitos da solidão, teu apego à verdade e às lições por ela generosamente oferecidas.

Conviria que nossos contatos com o mundo externo fossem semelhantes aos do anjo, que toca e não é tocado — a menos que ele o queira —, aquele que dá e de quem não se toma nada porque ele pertence a um outro mundo.

O discurso moderado permite que obtenhas também essa permanência do recolhimento e essa sabedoria proveniente das trocas de que é tão urgente munir-te. Falar visando a dizer o que é preciso dizer, a fim de exprimir um sentimento oportuno ou uma ideia útil, e depois calar-se é o segredo de se resguardar ao se comunicar, em lugar de permitir que a tua tocha se apague enquanto ilumina outras.

Ademais, trata-se igualmente do meio de conferir peso ao próprio discurso. O discurso tem peso quando percebemos o silêncio por baixo dele, quando ele oculta e deixa adivinhar, por trás das palavras, um tesouro que o discurso distribui de modo gradativo e proporcional, como convém, sem pressa e sem frívola agitação. O silêncio é o conteúdo secreto das palavras que importam. O que constitui o valor de uma alma é a riqueza daquilo que ela não diz.

V

O que dizíamos dos relacionamentos sociais aplica-se à ação apenas com ligeiras mudanças. Trata-se sempre de encontrar um equilíbrio entre a vida interior e a vida exterior, entre o silêncio e o ruído.

A vocação intelectual, compreendida rigorosamente, é o contrário da ação. A *vida contemplativa* e a *vida ativa* sempre se opuseram como se nascidas de pensamentos e aspirações contrários. A contemplação recolhe, a ação despende; uma convoca a luz; a outra ambiciona ao dom.

A nos expressarmos de maneira geral, devemos evidentemente nos resignar à divisão das tarefas, cada um contente em louvar aquilo que não faz, amar seus frutos em outras pessoas e saboreá-los graças à comunhão das almas. Todavia, a vida real não permite uma diferenciação tão estrita.

O dever pode impor a ação, como há pouco o fez em relação à sociedade, e tirará proveito de nossos princípios. A ação regulada pela consciência prepara essa mesma consciência para as regras do verdadeiro, dispõe-na ao recolhimento quando tiver chegado a hora, une-a à Providência, a qual é, inclusive, fonte de verdade. O pensamento e a ação são filhos do mesmo Pai.

A seguir, sem obrigar-se a isso, ao pensador é sempre necessário reservar uma parte de seu tempo e de seu coração à vida ativa. Essa parte é às vezes reduzida; junto ao sábio, entretanto, ela nunca é nula. O monge trabalha com suas mãos ou se entrega a alguma forma de apostolado; o médico ilustre possui sua clínica, seu hospital; o artista se ocupa de suas exposições, tem seu grupo, faz suas turnês ou profere suas palestras; o escritor é solicitado de tantas maneiras que enfrentaria dificuldades em não se comprometer com algum projeto.

Tudo isso é positivo, pois, se neste mundo cada coisa tem sua medida, a vida interior deve ter a dela. Sua exigência é a ação se limitar e ceder o passo à solidão, porque a ação exterior produz agitação na alma, a qual o silêncio apazigua. Mas o silêncio, por sua vez, impulsionado demasiadamente atua produzindo agitação; o esforço concentrado de alguém com o cérebro desorientado causa vertigem; faz-se indispensável à vida cerebral uma diversão. Precisamos dos efeitos calmantes da ação.

Existem razões fisiológicas das quais não vou tratar. As razões psicológicas nelas se apoiam e até são a elas reduzidas, pois a alma, distinta do corpo, não se fatigaria. Entretanto, o composto animado se cansa do repouso bem como do esforço despendido; requer um equilíbrio cujo centro de gravidade pode, ademais, deslocar-se de uma pessoa para outra. O corpo que permanece excessivamente imóvel se atrofia e acaba submetido a enervamento; a alma que o imita se estiola e se consome. À força de cultivar o silêncio, atingiríamos o silêncio da morte.

Por outro lado, a vida intelectual necessita do alimento dos fatos. Fatos são encontrados nos livros; porém, todos sabem que uma ciência puramente livresca é frágil; padece do defeito do abstrato, perde o contato e, consequentemente, oferece ao juízo uma matéria demasiado quintessenciada, quase ilusória. "Tu és um balão cativo," dizia Amiel[48] a si mesmo, "não deixes que se desgaste a corda que te liga à terra."

Santo Tomás dedica um artigo da *Suma* à tarefa de provar a necessidade de apoiar-se no real para capacitar-se a julgar, isto porque, diz ele, o real é a meta última do juízo; ora, a meta, ao longo de todo o caminho, deve proporcionar sua luz.[49]

As ideias estão nos fatos, não vivem em si mesmas, como pensava Platão. Esta visão metafísica tem consequências práticas. Impõe que o pensador se conserve nas vizinhanças daquilo que existe; caso contrário, a mente vacilará. Não é o sonho tão só um pensamento sem comunicação com o exterior, um pensamento que deixou de querer? O sonho inconsistente é o escolho do pensamento puro; é necessário afastar-se dele como de uma causa de impotência e de fracasso. O pensamento se apoia nos fatos como os pés no solo, como o estropiado nas muletas.

A dose de ação recomendada ao pensador, consequentemente, apresentará a vantagem de conferir estabilidade a sua mente. Apresentará igualmente a vantagem de enriquecê-la. Que experiências a vida nos

---

48. Henri Frédéric Amiel (1821-1881), escritor suíço que escrevia em francês. (N.T.)
49. Ia Pars, q. LXXXIV, art. 8.

propõe a cada dia! Deixamo-las passar; porém, um pensador profundo as recolhe e compõe seus tesouros com base nelas; suas molduras espirituais serão com elas pouco a pouco preenchidas, e suas ideias gerais, em parte controladas, serão, ademais, ilustradas por uma documentação viva.

A ideia, em nós, privada de seus elementos de experiência, de seus *fantasmas*,[50] é apenas um conceito vazio que sequer se percebe mais. Na medida em que os fantasmas são fecundos, o pensamento é amplo e vigoroso. Ora, a ação no seu caminho encontra em todo lugar elementos assimiláveis e "pedaços de vida" que serão a figuração de suas ideias abstratas. Disso encontra até mais do que aquilo que pode computar, pois o real é uma espécie de infinito que nenhuma análise, nenhuma avaliação racional é capaz de esgotar.

Coloca um artista diante de uma árvore e ele comporá esboços indefinidamente, isto sem nunca haver pensado em transmitir inteiramente o que é expresso pela natureza; coloca-o diante de um esboço da árvore, e mesmo diante da árvore de um Claude Lorrain[51] ou de Corot,[52] e quando ele a tiver copiado conscientemente terá esgotado o modelo.

O indivíduo é inefável, diziam os antigos filósofos. O indivíduo é o real por oposição aos temas da mente. Ao mergulharmos no real por meio da ação, encontramos nessa matéria formas novas, tal como o artista, ao executar sua obra, nutre sua criação, a retifica e lhe confere acabamento.

Enfim, esse instrutor que é a ação é, ao mesmo tempo, um professor que ministra energia, cujas lições não serão inúteis a um solitário. Por suas solicitações e suas resistências, por suas dificuldades, seus reveses, seus sucessos, pelo desalento e a lassitude que ela obriga a vencer, pelas contradições que não deixa de suscitar e pelas carências novas que gera, ela nos estimula e retempera nossas forças; ela nos sacode livrando-nos dessa indolência fundamental

---

50. No original, *"phantasmes"*, isto é, "fantasias", "representações da imaginação". (N.T.)
51. Claude Lorrain (1600-1682), pintor paisagista francês. (N.T.)
52. Camille Corot (1796-1875), pintor paisagista e retratista francês. (N.T.)

e dessa quietude orgulhosa que não são menos inimigas do pensamento do que das realizações.

As virtudes provenientes do exterior virão assim no auxílio daquelas interiores; a sondagem ativa prestará serviço ao recolhimento; o butim preparará o mel. O pensamento, alternativamente imerso nos dois abismos, o do real e o do ideal, fortificado por uma vontade aguerrida, esclarecido e advertido pelas *razões do coração* que a ação não cessa de pôr em questão, será uma outra ferramenta de pesquisa e um árbitro diferente da verdade daquele de uma razão alçada sobre a *Escada de Porfírio*.[53]

Gostaria de ver o nosso estudioso envolvido a todo momento em algum empreendimento que pouco pesasse sobre seus ombros, ao qual ele consagraria um tempo bem delimitado, sem ser arrastado a extremos, ainda que mantendo seu interesse, de todo o coração, em seus resultados, que não devem ser para ele como as toras de lenha que alguns vão serrar para repousar a cabeça. Agir sem se ocupar totalmente da ação não é agir como um ser humano, não sendo possível resultar disso nem o repouso do ser humano, nem sua instrução, nem sua formação. Assim, se não tens já encargos que se impõem a ti, procura causas que te atraem ardentemente, porque estas são valiosas, obras que fomentam a luz, a reabilitação, a preservação, o progresso, ligas a favor do bem-estar público, de sociedades de defesa e ação sociais — todas elas empreendimentos que exigem a pessoa atuante, se não por toda a sua vida, ao menos com relação a seu ser por inteiro. Devota-te a isso nos momentos em que a inspiração a ti concede, e mesmo a ti impõe uma licença que é proveitosa a ela própria. Na sequência, retornarás a ela, e o céu no qual ela te introduziu será tanto mais doce pelo fato de que não te limitaste a experimentar seus tesouros, como também simultaneamente seus perigos, o seu lodo, e as asperezas da Terra.

---

53. Porfírio (233-304), filósofo neoplatônico de origem fenícia. (N.T.)

VI

Parece-me que de tudo isso pode-se concluir que a solidão útil, o silêncio, o retiro do pensador são realidades atenuadas animadas por um espírito de exigência rigorosa. É em vista do retiro, do silêncio e da solidão íntima que a ação e os relacionamentos externos são admitidos e é por meio deles que ação e relacionamentos recebem a dose apropriada. É assim que deve ser, se verdadeiramente o intelectual é um consagrado e se *não se pode servir a dois senhores*.

Em todo lugar, portanto, o espírito do silêncio será reclamado. É ele, sobretudo, que importa, a tal ponto que pudemos, a rigor, conceber uma vida intelectual baseada em um trabalho de duas horas diárias. Seria pertinente pensar que, excetuadas essas duas horas, poderíamos agir em seguida como se elas não tivessem existido? Isso seria um grave mal-entendido. Essas duas horas são devotadas à concentração, mas a consagração de toda a vida não é por isso menos necessária.

Um intelectual deve ser intelectual o tempo todo. É o que sugere São Paulo dirigindo-se ao cristão: *Quer estejas comendo, quer estejas bebendo, quer estejas fazendo uma outra coisa qualquer, faz tudo pela glória de Deus*, isso deve se aplicar ao cristão em busca de luz. A glória de Deus é para ele o verdadeiro, deve tê-la em mente em toda parte, a ela submeter-se em tudo. A solidão recomendada a ele é menos uma solidão de lugar que uma solidão de recolhimento; é mais elevação do que distanciamento; consiste em um isolamento em sentido ascendente graças ao dom de ceder a si mesmo às coisas superiores e por meio do esquivar-se das leviandades, das divagações, da inconstância e de toda vontade caprichosa; realiza a *Conversatio nostra in coelis* do Apóstolo, nos elevando e nos conduzindo ao relacionamento no céu dos espíritos.

Seria, por conseguinte, a solidão permanecer em casa e se entregar a uma tagarelice interior, à tensão dos desejos, à exaltação do orgulho, ao fluxo de pensamentos que fazem ingressar em nós um exterior absorvente e repleto de discórdia? Tanto quanto há uma paz falsa, há uma solidão falsa. Pelo contrário, sair e agir impulsionados pelo dever, pela sabedoria ou pela preocupação com aquele relaxamento do qual mais adiante defenderemos a necessidade pode ser uma solidão superior, a qual nutre e tonifica a alma em lugar de diminuí-la.

Aquilo que Santo Agostinho chama de "pureza da solidão" pode ser conservado em toda parte; a impureza da solidão é capaz de macular mesmo sua própria morada. "Podes estar em uma cidade," escreveu Platão, "como um pastor na sua cabana no alto de uma colina." Conserva a inspiração interior, a moderação, o amor por aquilo a que te dedicaste, mantém junto a ti o Deus da verdade e estarás sozinho em meio ao universo inteiro.

Capítulo IV
O tempo de trabalho

I. O trabalho permanente. — II. O trabalho noturno. — III. As manhãs e as noites. — IV. Os instantes de plenitude.

I

Já qualificamos de muitas maneiras o trabalho intelectual. É necessário, todavia, examinar mais de perto suas diversas condições e, primeiro, o tempo que o pensador a ele dedica.

O estudo foi chamado de *uma prece dirigida à verdade*. Ora, a prece, nos diz o Evangelho, jamais deve ser interrompida: "Cumpre orar sempre e não cessar de fazê-lo" (Lucas 18,1). Sei que se pode entender esse texto de forma mais flexível, ele querendo dizer: Não passa um dia, uma semana, um longo período sem te dirigires a Deus. Mas nossos doutores se guardaram, assim, de admitir um sentido não restrito de palavras de tão grande importância; eles as entenderam literalmente e extraíram dessas palavras uma doutrina profunda.

A prece é a expressão do desejo; seu valor é feito de nossa aspiração interior, de seu teor e de sua força. Suprime o desejo, e a prece não existe mais; se o alterares, ela mudará; fortalece ou atenua seu ímpeto, e a prece alça voo ou então se vê privada de suas asas. Inversamente, se eliminares a expressão abandonando o desejo, a prece, de muitas maneiras, permanecerá intacta. Uma criança que nada diz, mas fixa um olhar ardente no brinquedo de uma vitrine, depois do que olha para sua mãe que sorri, não terá formulado a mais tocante das preces? E mesmo que nada tivesse visto, o desejo de brincar, desejo inato na criança, tal como a sede de agir, não é para seus pais uma prece constante a qual eles atendem?

Cumpre orar sempre equivale, portanto, a dizer: é preciso desejar sempre as coisas eternas, as coisas do tempo que as serve, o pão de cada dia de toda espécie e de toda oportunidade, a vida em todas as coisas que nela são vastas, terrestres e celestes.

Aplica esse comentário à prece ativa do estudo e adentrarás uma consideração extremamente preciosa. O pensador é um consagrado; ele o é, entretanto, durante poucas horas. Dizia Carlyle:[54] "Não acredito que qualquer literato se consagre à literatura um quinto de seu tempo". Pela razão de a maior parte de sua vida estar, assim, em certo nível ou abaixo, é preciso realmente que o homem das alturas desça novamente e se incline: qual seria o seu ganho se pudesse não se submeter por inteiro?

Como a prece pode durar todo o tempo, porque é um desejo e o desejo é permanente, por que o estudo não duraria todo o tempo, ele que é também um desejo e uma invocação do verdadeiro?

O desejo do saber define nossa inteligência como capacidade vital. Instintivamente desejamos conhecer tal como reclamamos pão. Se a maioria dos seres humanos demora nos desejos mais terrenos, o pensador apresenta algo de particular: o fato de que o desejo de saber é para ele obsessão — por que não fazer esse desejo operar, fazê-lo operar, digo eu, constantemente como um curso d'água sob o qual instalamos turbinas?

Isso é possível, e a psicologia o ensina a nós, tanto quanto como a experiência. O cérebro opera o tempo todo; as turbinas existem, giram, impulsionam um sistema de engrenagens do qual as ideias escapam como faíscas de um dínamo sob pressão total. Os processos nervosos encadeiam-se em uma série contínua e não se detêm mais do que os movimentos cardíacos ou a respiração pulmonar. O que falta para utilizar essa vida permanente em favor da verdade? Unicamente disciplina. É indispensável que os dínamos sejam ligados às turbinas, as turbinas à corrente; é indispensável que o desejo de

---

54. Thomas Carlyle (1795-1881), historiador e ensaísta escocês. (N.T.)

conhecer acione regularmente, e não mais de modo intermitente, o funcionamento cerebral consciente ou inconsciente.

A maior parte de nossa atividade nervosa de nada serve porque não é captada. A dizer a verdade, não pode sê-lo inteiramente porque nosso poder sobre ela é relativo e, se forçarmos a pressão, destruiremos a máquina; mas o que é possível fazer é buscado por poucos. Nesse caso, o hábito tem grande importância; bem montado, ele atua como uma segunda natureza, e é aqui que há espaço para nossos conselhos práticos.

"Todas as coisas que puderes", diz Santo Tomás ao estudioso, "esforça-te para as instalar no pequeno cofre da mente, como aquele que pretende encher um vaso." Voltaremos a essa analogia, a qual poderia dar ensejo a equívocos, mas se trata aqui do cuidado na aquisição do saber, não da maneira com a qual é feita. O que importa ao homem comprometido com a verdade é compreender que a verdade está em toda parte e que ele deixa dela passar um fluxo ininterrupto capaz de ativar sua alma.

"A sabedoria brada nas ruas", diz a Bíblia; "ela eleva sua voz nas praças; ela prega à entrada dos lugares ruidosos; às portas da cidade ela faz ouvir suas palavras: até quando, ignorantes, amareis vossa ignorância? (...) Retornai (...) e derramarei meu espírito sobre vós (...) Estendo a mão e ninguém atenta para ela." (Provérbios 1,20-24). Essa premente invocação do verdadeiro, se fosse ouvida, expandiria o espírito e o enriqueceria mais do que muitas sessões laboriosas de estudo. Estas permaneceriam necessárias, mas a luz que nelas se concentra iria difundir-se de modo a abranger quase toda a vida; uma corrente se estabeleceria e jogaria luz nos produtos do pensamento difuso, retornando a este último para conferir-lhe uma orientação, um valor costumeiro e, consequentemente, uma fecundidade.

Observa o que acontece quando queres mobiliar um apartamento. Até esse momento tu não pensaste nos móveis, a tal ponto que, circulando pelas ruas de Paris, onde a cada quatro lojas há uma de antiguidades, sequer os viste; suas formas não te detiveram; ignoraste as tendências da moda, as chances de um achado, a especialidade de determinado bairro, os preços, etc. Ao contrário, tendo tua mente sido despertada pelo desejo, tudo te impressiona, tudo te retém; dir-se-ia que Paris é uma vasta loja, e saberás em oito dias o que uma vida inteira não teria se dignado a ensinar-te.

A verdade é mais divulgada do que os móveis. Ela *brada nas ruas* e não nos abandona quando a abandonamos. As ideias estão nos fatos; estão também nas conversações, nos acasos, nos espetáculos, nas visitas e nas caminhadas, nas palestras mais banais. Tudo contém tesouros porque tudo está em tudo, e algumas leis da vida ou da natureza governam todo o resto.

Teria Newton descoberto a gravidade se sua atenção pelo real não o houvesse avisado e o disposto a perceber que as maçãs caem como os mundos? As leis da gravitação das mentes, as leis sociológicas, filosóficas, morais, artísticas não são menos aplicadas em todo lugar. Um pensamento brilhante pode ser o produto de todo e qualquer fato. Em toda contemplação, seja aquela de uma mosca ou a de uma nuvem passageira, existe uma oportunidade de infinitas reflexões. Todo conflito que envolve a luz é capaz de conduzir ao sol; toda via aberta é um corredor para Deus.

Ora, poderíamos captar essas riquezas se estivéssemos junto a elas. Olhando todas as coisas com uma mente inspirada, veríamos em toda parte lições, profecias do verdadeiro ou confirmações, sinais precursores e consequências. Porém, o mais das vezes, essa não é nossa disposição:[55] nossa atenção não está presente. "Todos olham o que eu olho," dizia Lammenais[56] em Saint-Malo diante do mar tempestuoso, "mas ninguém vê o que eu vejo."

Portanto, adquire o hábito de estar presente nesse jogo do universo material e moral. Aprende a observar. Compara o que se oferece a ti com tuas ideias familiares ou secretas. Não vejas em uma cidade unicamente casas, mas também a vida humana e a história. Que um museu não te mostre apenas quadros, mas escolas de arte e de vida, concepções do destino e da natureza, orientações sucessivas

---

55. No original, "*nous n'y sommes pas*", literalmente "não estamos aí" ou "não estamos nesse lugar". (N.T.)
56. Felicité de La Mennais (Lammenais) (1782-1854), filósofo francês. (N.T.)

ou diversas da técnica, do pensamento inspirador, dos sentimentos. Que uma oficina não te fale somente de ferro e madeira, mas da condição humana, do trabalho, da economia antiga e moderna, das relações de classes. Que as viagens te ensinem humanidade; que as paisagens evoquem ante teus olhos as grandes leis do mundo; que as estrelas falem a ti das durações incomensuráveis; que os seixos do caminho sejam para ti o resíduo da formação da terra; que a visão de uma família evoque em teu espírito a família das gerações passadas e que o menor contato com teus semelhantes te ministre lições sobre a mais elevada concepção do ser humano. Se não souberes observar dessa forma, tudo o que serás ou em que te tornarás não irá além de uma pessoa de mente ordinária. Um pensador é um filtro pelo qual as verdades passam para deixar sua melhor substância.

Aprende a escutar e, para começar, escuta a todos. Se estivermos no mercado, como afirmava Malherbe,[57] que aprendamos sua língua, pois, inclusive no mercado, isto é, na vida comum, é possível aprender a língua da mente. Nos discursos mais simples circula uma multidão de verdades. As mais ínfimas palavras escutadas com atenção podem ser um oráculo. Um camponês é em certos momentos muito mais sábio do que um filósofo. Todos os seres humanos se aparentam quando mergulham totalmente no próprio âmago, e, se qualquer impressão profunda, um retorno movido pelo instinto ou pela virtude à simplicidade original afasta as convenções, as paixões que ordinariamente nos furtam de nós mesmos ou dos outros, escutamos sempre um discurso divino quando uma pessoa fala.

Em toda pessoa encontra-se a totalidade do ser humano, sendo possível dele originar-se para nós uma profunda iniciação. Se fosses um romancista, não sentirias o que poderias haurir dessa fonte? O maior dos romancistas recebe sua formação na soleira das portas; o menor deles, na Sorbonne ou nos salões. Com a ressalva de que, ao invés de se misturar, o grande observador mantém-se reservado, vive à parte, eleva-se, e a mais modesta das vidas a ele se revela como um grande espetáculo.

---

57. François de Malherbe (1555-1628), poeta e linguista francês. (N.T.)

Ora, o que busca o romancista pode servir a todos, visto que todos têm necessidade dessa experiência profunda. O pensador não o é verdadeiramente se não descobrir no mais ligeiro estímulo vindo do exterior o ensejo de um impulso sem limites. Está no seu caráter conservar por toda sua existência a curiosidade da infância, sua vivacidade de impressão, sua propensão a tudo ver sob o ângulo do mistério, sua faculdade ditosa de encontrar em todo lugar surpresas fecundas.

Todavia, fica especialmente vigilante quando desfrutas a felicidade de conversar com alguém que sabe e que pensa. Quão triste é contemplar homens superiores da elite tão escassamente úteis para aqueles que os cercam! Na prática, nós os nivelamos com os simplórios; com efeito, toma-se deles o que eles têm de comum, não o que eles têm de raro. Há ali um tesouro, e brincamos com a chave sem abri-lo. Às vezes sorrimos diante de sua falta de destreza, de suas pequenas esquisitices de gente que vive na abstração: algo bastante inocente; porém, o que é tolo é assumir um ar de superioridade que condena ao esquecimento a grandeza humana.

Os grandes indivíduos de valor são suficientemente poucos para que os deixemos sem emprego. Eles, porém, se empregam a si mesmos e todos os empregam sem sabê-lo; mas, se cientes disso, deles recebem uma instrução e um impulso que em alguns casos constitui a decisão de toda uma existência. Muitos santos, comandantes ilustres, exploradores, cientistas, artistas se tornaram o que são por terem topado com uma personalidade eminente e haver escutado o som de uma alma. Os ecos dessa chamada muda se fizeram ouvir neles até o fim de suas vidas, e era um clamor que os impulsionava à frente; uma onda invisível os carregava. As palavras de um grande homem, como aquela de Deus, são por vezes criadoras.

Mas entende-se que os grandes homens somente o são após sua morte. A maioria das pessoas não lhe concede reconhecimento; a tal ponto isso se dá que é possível a teu lado estar sentada uma pessoa da envergadura de Descartes, e tu não a escutas, não a interrogas, não discutes com ela dentro de um espírito polêmico, interrompes a fala dela para proferir bagatelas. E se ela não fosse esse homem de vulto, possuindo ainda assim uma mente brilhante, por que permitirias que sepultasse essa sua riqueza de saber ou a afastasse silenciosamente?

Observando e escutando — não me refiro a ler, pois voltaremos a isso na sequência —, aprendes a refletir; aquilo que tiveres conquistado tu tornarás teu e o adaptarás a tuas necessidades. As grandes descobertas são apenas reflexos dos fatos comuns a todos. Passamos miríades de vezes por algum caminho sem nada perceber, e, um dia, o homem de gênio observa os vínculos entre o que ignoramos e o que está diante de nossos olhos a todo momento. O que é a ciência se não a cura lenta e sucessiva de nossa cegueira? É verdade que a observação não dispensa ser preparada mediante estudos e soluções anteriores; encontra-se o que se procura; só se dá a quem possui. Daí ter eu falado de um vaivém entre as luzes internas e as externas. A mente deve estar sempre em uma disposição perpétua para refletir, como também em uma disposição perpétua para ver, escutar e, como o bom caçador, atirar no pássaro que flagra em voo.

É importante que sejamos mais precisos e digamos que esse despertar da mente pode ser proveitoso não só no que se refere a nossa cultura geral, mas também a nossa especialidade, a nosso estudo e trabalho em pauta. Guarda teus problemas contigo. O cavalo de aluguel faz sua corrida e reingressa à própria baia; o ginete livre tem sempre as narinas ao vento.

Considerando-se que a verdade está em toda parte e que tudo está ligado, por que não estudar cada questão em associação com aquilo que a ela se aparenta? Tudo deve servir de nutrição a nossa especialidade. Tudo deve testemunhar a favor ou contra nossas teses. O universo é em grande medida o que nós fizemos. Tudo que o pintor enxerga em toda parte são formas, cores, movimentos, expressões; o arquiteto enxerga o equilíbrio das massas; o músico percebe ritmos e sons; o poeta, objetos para a metáfora; um pensador enxerga ideias em ação.

Não se trata nesse caso de um particularismo estreito; trata-se de método. Não se pode ir em busca de tudo. Mantendo um olhar atento para a observação geral, dedicamos suplementarmente a atenção a uma investigação particular e "pensando sempre nela", como Newton, recolhemos elementos para uma obra.

Manter o pensamento sempre em expectativa: eis aí o grande segredo. A mente humana é um ruminante. O animal olha de longe, mastiga devagar, recolhe um tufo aqui, um raminho ali, toma todo o pasto para si, e também o horizonte, com um compondo seu leite, com o outro, sua alma obscura.

Foi-nos ensinado viver na presença de Deus: não podemos viver também na presença da Verdade? A verdade é como a divindade especial do pensador. Essa verdade particular ou esse objeto de estudo podem estar para nós presentes a todo momento. Será sábio, será normal deixar o pesquisador no gabinete de trabalho, ter ele, desse modo, duas almas, aquela do trabalhador e aquela do *bon vivant* que vai de cá para lá? Esse dualismo não é natural. Leva-nos a pensar que a busca do verdadeiro é para nós um ofício em lugar de uma paixão nobre.

Diz a Bíblia que há tempo para tudo, e concordo que não se pode evitar efetuar nele a divisão, mas uma vez que, de fato, se pensa o tempo todo, por que não utilizar esse pensamento em benefício daquilo que nos inquieta?

Dirão que tal tensão é incompatível com a saúde cerebral e com as condições da vida? De acordo, mas então não se trata de tensão, nem mesmo ordinariamente de vontade atual. Falei de hábito. Falemos, se quiseres, do subconsciente. Nossa mente tem o poder de funcionar por si mesma independentemente de nós, bastando para isso prepararmos um pouco sua atividade e traçarmos ligeiramente o projeto dos canais em que suas correntes obscuras se interpenetrarão.

Estando o desejo pelo saber bem ancorado em ti, a paixão pelo verdadeiro acesa, tua atenção consciente voltada frequentemente para os fatos da vida apropriados para conservar a chama e satisfazer o desejo, então fizeste de tua mente um cão de caça perpetuamente em atividade! Isso não lhe custa nenhum esforço adicional; ela obedece a uma nova natureza. Pensas tão facilmente em certa direção como pensavas outrora a esmo.

Essa direção sem dúvida é apenas de caráter aproximativo, e tua tendência ao excesso seria absurda. Mas seria conveniente recusar o que se pode tendo como argumento o que não se pode? Tens em mãos um imenso recurso; tu podes empregá-lo estabelecendo um pouco de disciplina em um trabalho cerebral que se realiza, porém sem tua participação e de modo anárquico. Impõe regras a esse trabalho, e que teu cérebro, também ele, seja um intelectual.

Na prática, perceberás que isso não causa fadiga alguma, que, pelo contrário, nos poupa do cansaço excessivo, pois as descobertas, não tanto em função da procura, mas em função da sorte e graças a um olhar atento, derivadas simplesmente da resolução e do exercício de não sermos cegos, essas descobertas, com frequência as mais felizes por serem espontâneas, muito estimulam o pesquisador; conservam-no desperto e jubiloso; ele aguarda prazerosamente o momento do retiro, quando poderá se concentrar na ideia produto de seu trabalho e desenvolvê-la.

Muitas vezes, dessa maneira obteremos o que é de difícil execução, em uma reviravolta do termo em vão investigado em nossa mesa, quando ficamos presos em um ponto de vista do qual não somos capazes de sair. O que não tinha conexão alguma com o trabalho conduz a algo que é seu fundamento. O estudo laborioso será com isso totalmente esclarecido; saberemos para onde estamos indo e teremos a esperança para breve de um proveito novo e inesperado.

Esse processo envolvendo o acaso corresponde às contingências cerebrais e à operação obscura da associação das ideias. Nessa situação, uma grande quantidade de leis é aplicável sem que haja uma lei aplicável a um ou outro caso, neste ou naquele momento, e tudo isso se combinando sem nossa participação — quero dizer, sem uma vontade que se detém, tão só sob a impressão do desejo que é a alma do pensador e o qualifica, como o folguedo qualifica a infância, como o amor qualifica a mulher —, isso não constitui a sobrecarga que se imagina.

Durante um passeio, uma mulher se cansa de constatar a admiração de que é alvo por parte dos passantes, ou uma menina se cansa de aguardar alguma oportunidade de rir, ou um menino se cansa de aguardar alguma oportunidade de dar cambalhotas? A mente que espreita a verdade por amor, não por força, por uma tendência antes de tudo instintiva, depois, sem dúvida, cultivada, mas amorosamente, passionalmente, não enfrentará maiores dificuldades. Essa mente brinca e é como uma caçadora que se entrega a um esporte proveitoso e embriagante; ama o que faz e nada está mais distante do esforço exato e voluntário das horas de concentração.

Assim, o sábio porta em todas as épocas e em todas as estradas uma mente madura para as aquisições negligenciadas pela pessoa vulgar. A mais ínfima das ocupações é para ele o prolongamento da mais sublime; suas visitas de formalidade constituem ensejos felizes para investigações, seus passeios são explorações, o que ele ouve e suas respostas mudas são um diálogo que a verdade entretém dentro dele consigo mesma. Em toda parte, seu universo interior impõe sua comparação com outro, sua vida com a Vida, seu trabalho com o incessante trabalho dos seres, e, ao sair do exíguo espaço onde se concentra seu estudo, têm-se a impressão não de que ele abandona o verdadeiro, mas de que ele escancara sua porta para que o mundo impulsione em sua direção todo o verdadeiro que pode ser dispensado em seus poderosos folguedos e embates.

II

O padre Gratry recomendou insistentemente não excluir do trabalho permanente as horas de letargia e de escuridão. Seu desejo é que a noite seja laboriosa. Esse conselho conta com o apoio da psicologia e da experiência.

O sono é um relaxamento. É a abdicação da vontade consciente que não se preocupa mais de viver, não se propõe qualquer meta e se encontra assim entregue em grande parte às condições gerais da natureza. Nesse sentido, não constitui um símbolo vazio a postura do indivíduo que dorme, deitado, reaproximado da terra, como se dissesse à natureza: Toma-me de novo. Por demasiado tempo estive contraído em oposição a teus poderes; combati, de pé, teu determinismo nivelador; à equalização das forças que é a lei deste mundo perecível opus o sobressalto da vida: eu me rendo agora, até o momento de voltar a lutar.

Tendo sido suspensa assim a vida intensa, tendo a correia de transmissão do motor humano passado da liberdade individual à liberdade das forças cósmicas, o resultado disso é um novo funcionamento regido por suas próprias leis, que percorre caminhos ignorados pela clara consciência e executa combinações estranhas às vontades e aos caprichos dos despertos e dotados de discernimento. Nossas forças interiores se reagrupam; nossos pensamentos se organizam; ocorrem averiguações baseadas em informações de fontes distintas; a energia liberada pela ação é empregada mansamente. Saber utilizar esse trabalho sem perturbar seus ritmos constitui para o pensador uma nova riqueza.

Não será o caso de se manter desperto. Pelo contrário, o noctâmbulo é um mau trabalhador; solicitamos, nesse ponto, a obediência à higiene geral, que deveria, com referência ao estudioso, ser mais exigida. Mas o sono, ele mesmo, é um trabalhador, um parceiro do trabalho diurno; pode-se domar suas forças, empregar suas leis, tirar proveito dessa filtração, dessa clarificação que se opera no abandono da noite.

Um trabalho cerebral iniciado, uma ideia esboçada, ideia que um incidente interior ou exterior impedira de eclodir completamente ou de encontrar seu lugar natural, aí se consuma e se engrena: não deixes escapar essa oportunidade de ganho; recolhe-a antes que mergulhe novamente na noite mental, essa claridade que pode ser para ti um auxílio.

Como conquistares isso? Dependendo da ocasião, nenhuma engenhosidade em particular é necessária. Ao acordar, a colaboração do sono encontra-se registrada e totalmente disponível. O trabalho da véspera se revela a ti sob um dia mais claro; uma nova senda, uma região virgem está diante de nós; terão surgido conexões de ideias, de fatos, de expressões, um confronto feliz, uma imagem que ilumina, toda uma porção talvez ou todo um plano de realização. O todo aí se encontra com bastante lucidez; nada restará a fazer senão utilizar, a seu tempo, o que Hypnos[58] se dignou a realizar por ti.

Contudo, de ordinário o que ocorre é totalmente diferente. A natureza não está submetida a nossas ordens; ela trilha um caminho próprio; pelo seu rio flui o ouro, mas cabe a nós recolher, sem permitir que vá para as profundezas, o que carregam as ondas opulentas.

Com muita frequência, clarões de luz ocorrerão durante uma insônia de alguns minutos, talvez de um segundo: convém fixá-los. Confiá-los a um cérebro relaxado significa produzir uma impressão sobre uma onda. Há grande chance de o dia seguinte não conter sequer o traço de um vago incidente.

Podes ainda fazer melhor do que isso. Providencia um bloco de anotações ou uma caixa com fichas. Faça anotações sem acordares por completo, sem, se possível, acender a luz e, em seguida, mergulha novamente em tuas sombras. Tu te aliviares assim do pensamento será, quem sabe, favorecer o sono em lugar de perturbá-lo. Se disseres: eu me lembrarei, eu quero isso, essa vontade será mais inimiga do repouso do que uns rápidos rabiscos. Lembra que o sono é um relaxamento da *vontade*.

Em outras ocasiões, é de manhã, no primeiro despertar, que ocorrem os clarões. Abres os olhos e dir-se-ia que o olho interior, ele também, se abre, que ele se ilumina ante um mundo novo. A Terra girou; os céus da inteligência não têm mais o mesmo aspecto; constelações novas brilham. Contempla bem esse espetáculo inédito e não demores nem um instante para fitar seus amplos contornos; indica seus traços expressivos, seus pontos decisivos, o que será suficiente para determinar todos os detalhes quando dispuseres de lazer para retomá-lo.

Cada pensador está de posse, em sua experiência, de fatos ligados à lucidez matinal às vezes surpreendentes, diríamos miraculosos.

---

58. Na mitologia grega, deus do sono, divindade geralmente abstrata (sem configuração humana), irmã da Morte ([*Thánatos*]). (N.T.)

Tratados completos surgem assim à plena luz após uma longa e penosa série de estudos emaranhados, nos quais o autor experimentava o sentimento de estar como que perdido em um bosque sem clareira nem perspectiva.

As invenções foram feitas assim. Elementos esparsos na mente, experiências antigas ou conhecimentos aparentemente de nenhum interesse se associaram, e problemas foram solucionados, todos exclusivamente por meio da classificação espontânea das imagens mentais que representavam a ideia de sua solução.

Recorre depressa ao bloco de anotações quando uma felicidade dessa espécie por sorte te atingir. Acompanha a ideia enquanto ela se manifestar; extrai, não adiciones nada de ti mesmo. Sem nenhuma intervenção perturbadora, com uma atenção submetida à natureza, a qual está em operação, tira suavemente da corrente que foi constituída, distribui seus elos, as pequenas correntes acessórias que dela partem, marca as proporções, as dependências sem qualquer preocupação com o estilo, quero dizer um estilo deliberado, pois pode acontecer que valiosos elementos de estilo se revelem espontaneamente dessa maneira.

Quando a gaveta estiver vazia e parecer que a corrente de pensamentos foi totalmente extraída, para de escrever; porém, não deixes, por algum tempo, de manter o olhar fixo em tua riqueza: é possível que ela ainda aumente, que a corrente desenvolva novos elos, que as pequenas correntes se multipliquem e se subdividam. Tudo isso é de tal modo precioso que é necessário não perder uma só porção. É o trabalho poupado para o dia. A noite, boa colaboradora, concedeu a ti, sem nenhum esforço de tua parte, um dia de vinte e quatro horas completas, talvez semanas, o período de tempo que teria levado para forjar mediante um esforço voluntário a joia faustosa que ela te forneceu.

Todavia, o cuidado de colher não basta. O sono, trabalhador solitário, trabalha com um material preexistente; nada cria; hábil para combinar e para simplificar, para produzir resultados, só tem o poder de operar com base nos dados da experiência e do trabalho diário. Impõe-se, portanto, preparar o caminho para que ele trabalhe. Contar com ele é, em primeiro lugar, contar consigo.

Os monges têm o costume – tão antigo quanto a devoção religiosa – de depositar seu tema para meditação ao anoitecer, como se fosse uma semente, nos sulcos da noite; eles alimentam a esperança de, ao despertar, já encontrar a semente amolecida, penetrada pela umidade da terra e, quem sabe, germinada: ela crescerá mais prontamente ao sol da reflexão e da graça.

Sem renunciar a essa prática, que se deveria disseminar entre os cristãos, podíamos somar a ela a semeadura da noite pelo trabalho. A terra humana é fértil: duas sementes podem ser nela plantadas, uma vizinha da outra, sem qualquer conflito. Conduz a ti ao dormir, confia a Deus e à alma a questão que te preocupa, a ideia que é lenta para desdobrar suas virtualidades, ou que se furta a teu entendimento. Não executes nenhum esforço que retardaria o sono. Pelo contrário, aquieta-te no seguinte pensamento: "o universo trabalha para mim; o determinismo é o escravo da liberdade e, enquanto eu repouso, ele fará girar seu moinho; posso protelar o esforço: os céus revolvem e ao revolverem fazem mover em meu cérebro as engrenagens delicadas que eu talvez deformasse; durmo, a natureza está desperta, Deus está desperto e recolherei amanhã um pouco de seu trabalho".

Nessa disposição tranquila, teu relaxamento será completo, maior do que na inquietude de um dia seguinte no desamparo, mais, acima de tudo, do que revivendo à noite, como ocorre com tanta frequência, as preocupações do dia, preocupações que uma semiconsciência aumenta, que envenenam a noite e que, de manhã, estarão presentes para servir a ti novamente a sua poção amarga.

Do mesmo modo que um trabalho suave e regular harmoniza o dia, o trabalho inconsciente noturno é capaz de verter paz e afastar divagações, fantasias insanas, esgotantes ou pecaminosas, e os pesadelos. Conduz com toda a doçura uma criança pela mão e sua turbulência será atenuada.

Assim, não se preconiza a estafa, a mescla confusa do dia e da noite. Não. É preciso dormir. Um sono reparador é indispensável.

Mas dizem que a noite, como noite, pode por si mesma trabalhar, que ela "é conselheira"; que o sono, como sono, é um artesão útil; que o repouso, como repouso, é ainda uma força. É positivamente de acordo com a natureza deles e não por meio de uma violência feita a suas próprias constituições que entendemos nos servir de seus auxílios. O repouso não é uma morte; é uma vida, e toda vida gera seu fruto. Podendo tu próprio colhê-lo, não deixes para as aves noturnas o fruto do sono.

III

Daí a extrema importância das manhãs e das noites tanto para o trabalhador quanto para o homem religioso. Não se pode preparar, supervisionar e encerrar as horas de repouso com uma alma atenta se condenamos ao acaso aquilo que de perto as antecede e sucede.

A manhã é sagrada. De manhã, a alma, renovada, contempla a vida como de um ponto crítico em que se descortina um novo horizonte, no qual a vida se lhe revela por inteiro. Aí se encontra o destino. Nossa tarefa é retomada; é o momento de julgá-la mais uma vez e confirmar mediante um ato expresso nossa tripla vocação de seres humanos, de cristãos e de intelectuais.

"Filipe,[59] lembra que tu és um homem" — essas palavras do escravo macedônio a seu senhor nos é dirigida pelo dia quando, atingindo nossos olhos, ele evoca as luzes da alma; "um homem", eu digo, não na qualidade de um general, mas qualificado em um exemplo preciso, um homem que ali está diante de Deus, um fato singular, único e, não importa quão pequeno seja, somente ele em estado de ocupar seu próprio posto.

Esse homem, ao sair das horas de inconsciência renovado e como que renascendo, não irá encarar o conjunto de sua vida segundo uma visão rápida, demarcar o ponto em que nela se encontra, compor o

---

59. Alusão a Filipe II (382-336 a.C.), rei da Macedônia e pai de Alexandre Magno. (N.T.)

dia vindouro e partir assim em um passo alerta, com um espírito esclarecido, para sua nova etapa?

Tal será o esforço combinado do primeiro despertar, da prece da manhã, da meditação e, sobretudo, da missa se contarmos com a possibilidade de ouvi-la ou com a felicidade de rezá-la.

O primeiro despertar deve ser um *Sursum corda!*[60] Proferir uma fórmula cristã é nesse momento uma excelente prática; dizê-la alto é ainda melhor, pois — os psicólogos o sabem — nossa voz nos sugestiona e desempenha, no que nos diz respeito, o papel de um *duplo*. Eis aí um "escravo" que não podemos negligenciar; ele demonstra autoridade por intermédio de nós, ele é nós, e sua voz soa com o estranho império daquele que é ao mesmo tempo o mesmo e o outro.

Ensinamos as crianças a "entregar seus corações a Deus"; o intelectual, nisso uma criança, deve em acréscimo entregar seu coração à verdade, lembrar-se de que é dela o servidor, repudiar os inimigos dela que estão presentes nele, amar os inimigos externos dela para que a ela regressem e consentir com os esforços que a verdade, nesses tempos, dele exige.

Em seguida vem a prece. O padre Gratry aconselha o intelectual a dizer *Prima*,[61] que teria por pendente ao anoitecer as *Completas*:[62] com efeito, nada é mais belo, nada é mais eficaz, mais jubiloso. A maioria das preces litúrgicas são obras-primas; estas são amplas e doces assemelhando-se ao alvorecer e ao ocaso de um astro. Tenta e não conseguirás mais dizer o mesmo de outras. A totalidade da vida verdadeira está nelas contida, toda a natureza, e o trabalho com base nelas será preparado como uma viagem através de uma porta totalmente aberta inundada por raios de sol.

Qualquer que seja a escolha, a prece do intelectual deve destacar de passagem o que lhe diz respeito, produzir o seu proveito e compor o bom propósito realizado pelo trabalho cristão. Ato de fé nas

---

60. Locução do latim, proferida pelo sacerdote ao iniciar a missa, que significa "corações ao alto!". (N.E.)
61. Primeira hora canônica. (N.T.)
62. Derradeiras horas canônicas. (N.T.)

verdades elevadas que sustentam a ciência; ato de esperança no socorro divino tanto a favor da luz quanto a favor da virtude; ato de amor com referência Àquele que é infinitamente amável e ao que nosso estudo deseja Dele aproximar. *Pater*, para pedir acompanhado do pão o alimento da inteligência; *Ave* dirigido à Mulher trajada de sol, vitoriosa tanto sobre o erro quanto sobre o mal. Nessas fórmulas e em outras, o intelectual se reencontra, evoca sua tarefa e, sem isolar sua especialidade da vida cristã em seu conjunto, pode beneficiar-se do que é para ele previsto e providencialmente depositado no tesouro comum.

A meditação é a tal ponto essencial ao pensador que é dispensável retomar seu elogio. Nós enaltecemos *o espírito da oração*: onde ele se nutrirá melhor do que nessas contemplações matinais em que a mente relaxada, ainda não retomada pelas preocupações do dia, carregada, elevada pela asa da prece, ascende facilmente às fontes do verdadeiro captado arduamente pelo estudo?

Se a santa missa pode ser ouvida, se ela é rezada, o alcance que contém não irá se apoderar de ti? Não verás, do alto do Calvário novamente instalado, do aposento superior no qual o festim de despedida se renova, a humanidade se colocar ao redor de ti, essa humanidade da qual não deves perder o contato, essa vida que o discurso do Salvador ilumina, essa indigência que sua riqueza ampara e que deves com ele amparar, esclarecer, salvar da tua parte ao salvares a ti mesmo?

A missa te coloca verdadeiramente em estado de eternidade, no espírito da Igreja universal, e no *Ite, missa est*[63] estás por completo disposto a ver uma *missão*, uma expedição de teu zelo à indigência da terra ignorante e insana.

Aos momentos da manhã impregnados de todo esse orvalho, restaurados e vivificados por essas brisas espirituais, não pode faltar fecundidade; tu irá encará-los com fé; tu irá buscá-los com coragem; o dia dispensará as provisões de luz da aurora; o anoitecer virá antes

---

63. Palavras finais, em latim, dirigidas à assembleia de uma missa antes da bênção final, que significam "ide, a missa terminou" ou "ide, a missão vos foi dada". (N.E.)

do esgotamento das luzes tal como o ano se encerra deixando nos celeiros a semente para o ano novo.

A noite! Como de costume, sabe-se pouco santificá-la, apaziguá--la, prepará-la para o sono verdadeiramente reparador! Como a desperdiçamos e a poluímos, como a privamos de seu rumo!

Quanto ao que fazem dela os homens devotados ao prazer, não insistiremos nisso: o que interessa a eles é estranho ao que interessa a nós. Mas observa essas pessoas sérias que chamamos de trabalhadores: homens de negócios, industriais, funcionários públicos, comerciantes do atacado — refiro-me a eles na multidão. Chegada a noite, ei-los "largando as rédeas" e não pensando em mais nada, entregando a mente à dissipação que, por assim dizer, relaxa — jantando, fumando, jogando, tagarelando ruidosamente, correndo para o teatro ou para as salas de música, bocejando no cinema, depois do que vão para a cama "relaxados".

Com efeito, *relaxados*, mas como o violino do qual se relaxaram inteiramente as cordas. Que trabalho, no dia seguinte, para afinar tudo novamente!

Conheço industriais que relaxam lendo Pascal, Montaigne, Ronsard, Racine. Enfiados em uma boa poltrona, contando com boa iluminação, próximos à lareira, toda a família tranquila ou moderadamente ruidosa à volta deles, vivem depois de haver trabalhado arduamente. Esses momentos pertencem a eles; esses momentos são os momentos do homem, após o especialista haver dedicado a cabeça e o coração ao enfrentamento de vinte obstáculos.

Um intelectual, se não necessitar dessa compensação, necessita muito mais ainda dessa calma. Seu serão deve ser um recolhimento; sua ceia, uma reconstrução ligeira; seu jogo, o fácil arranjo do trabalho do dia e a preparação daquele do dia seguinte. Para ele são necessárias suas *Completas* — uso a expressão desta vez em sentido figurado — que completam e inauguram; com efeito, todo complemento de um trabalho contínuo, como o requeremos, é tanto um começo quanto um fim. Só fechamos para reabrir. A noite é o órgão de ligação entre as interrupções diurnas cujo total constitui uma vida. De manhã deveremos logo viver: é preciso estar disposto ao anoitecer e preparar a noite que une estreitamente à sua maneira, sem a nossa participação, os labores conscientes.

Não importa o que indica a ilusão feita de paixão e interesse daqueles que dentro do ser humano pretendem preservar a parte do pândego; a dissipação não significa repouso, mas esgotamento. O repouso não pode consistir na disseminação das forças. O repouso é uma retrogradação que se distancia do esforço na direção de suas fontes; é uma restauração, não um dispêndio insano.

Sei muito bem que gastar é por vezes adquirir: isso se aplica ao esporte, à recreação, e seria o caso de não apenas tolerar, mas inclusive exigir esse relaxamento ativo. Entretanto, não consiste nisso a função normal do anoitecer. Para o anoitecer, há um repouso duplo, isto é, um espiritual e outro físico: o repouso em Deus e o repouso na natureza maternal. Ora, o primeiro é a prece que o proporciona, e no que respeita ao outro, o repouso do corpo, visto que precede o repouso mais completo da noite, cumpre que conduza a ele.

Ao anoitecer, devemos nos entregar aos ritmos suaves dos quais a respiração noturna constitui o modelo. Permitir que em nós se exerçam os determinismos fáceis, que os hábitos tomem o lugar das iniciativas, que a rotina familiar substitua o esforço da atividade árdua; em síntese, parar de querer, de certo modo, que a renúncia da noite seja inaugurada: eis aí a sabedoria. E a sabedoria será reconhecida na estrutura dessa vida atenuada, dessa semiatividade que apazigua. A família participará disso; uma doce conversação selará a união das almas; serão feitas as permutas das impressões recebidas, dos projetos formados; serão ratificados seus pontos de vista, suas metas; a velhice do que é diurno será consolada; será o império da harmonia, e teremos celebrado uma digna vigília para a festa que cada novo dia deve ser para o cristão.

Aquele que dorme assume frequentemente, sem disso estar ciente, a posição que já ocupou no ventre de sua mãe. É um símbolo. O repouso remonta às origens: origens da vida, origens da força, origens da inspiração; ele se revigora; é esse o significado do isolamento geral da noite. Ora, revigorar-se não pode ser agitar-se. É como se fosse refugiar-se, é experimentar pela seiva humana, por sua concentração pacífica, um revigoramento; é restaurar em nós a vida orgânica e a vida sagrada mediante um feliz relaxamento, mediante a prece, o silêncio e o sono.

IV

Alcançamos aquilo que não é mais preparação, prolongamento, relaxamento útil, repouso em vista do trabalho, mas o trabalho propriamente dito e o tempo a ser consagrado à concentração do estudo, ao empenho pleno. Assim chamaremos esses picos de nossa vida intelectual encarados do prisma de sua duração: os instantes de plenitude.

A maior parte deste pequeno volume tem como único objeto considerar o emprego desse tempo: tudo de que se trata aqui, portanto, é como administrá-lo em si mesmo, centralizá-lo, preservá-lo, vigiar a "cela interior" contra a invasão que a ameaça.

Sendo os momentos de nossas vidas valores muito desiguais, e a repartição desses valores para cada um obedecendo a leis diversas, não é possível indicar uma regra absoluta. Devemos, porém, insistir nisso. Estuda a ti mesmo, considera o que é tua vida, o que ela permite a ti, o que ela favorece ou proíbe, o que oferece de si mesma para as horas intensas.

Tais horas estarão na manhã, no início da noite, em parte da manhã e parte da noite? Somente tu podes decidi-lo, porque somente tu conheces tuas obrigações e tua natureza, das quais depende a estrutura a ser imposta a teus dias.

Quando se dispõe de poucas horas, mas podemos situá-las livremente, parece que a preferência deve recair na manhã. A noite reparou todas as forças; a prece a ti concedeu asas; a paz reina em torno de ti, e nenhum enxame de distrações ainda irrompeu. Entretanto, no caso de alguns, podem surgir contraindicações. Se o sono não é bom, acontece de a manhã ser tomada de ansiedade e entorpecimento. Ou, então, ocorre falta de solidão, com o que é preciso aguardar a ocasião proporcionada pelas horas de isolamento.

De uma maneira ou outra, uma vez feita a escolha, será o caso de administrar o tempo que foi eleito e organizar a si mesmo a favor do aproveitamento integral. Será necessário prever tudo para que nada venha estorvar, dissipar, reduzir ou fragilizar essa preciosa duração de tempo. No desejo de que seja plena, não faz com referência a ela preparos tardios ou remotos; toma todas as providências úteis; conserva-te ciente do que queres fazer e de como fazê-lo; reúne ordenadamente teus materiais, tuas anotações, teus livros; não permitas que teu trabalho seja interrompido por insignificâncias.

Quanto ao mais, para que esse tempo seja preservado e também verdadeiramente livre, convém que levantes da cama pronta e pontualmente, que tua alimentação seja leve. Evita as conversas sem propósito e visitas de idêntica natureza; restringe a correspondência ao estritamente necessário; silencia os jornais. Essas regras, as quais indicamos a título de salvaguarda de toda vida de estudioso, aplicam-se àquilo que é a essência.

Tudo assim disposto, tudo previsto, estás agora em condição de encetar imediatamente teu trabalho; podes aplicar-te a ele profundamente, envolver-te e abrir caminho; tua atenção não será objeto de distração; teu esforço não será disperso. Mais do que qualquer outra coisa, evita fazer o trabalho pela metade. Não imites aqueles que ficam muito tempo no escritório com a mente devaneando. Mais vale restringir o tempo e empregá-lo profundamente, incrementando seu valor, que é a única coisa que conta.

Produz qualquer coisa ou então não produzas nada. O que decidires fazer, faz com ardor, com total intensidade, e que o conjunto de tua atividade seja uma série de retomadas vigorosas. O trabalho pela metade, que é um repouso pela metade, não favorece nem o repouso nem o estudo.

Convoca então a inspiração. Se nem sempre a deusa aceita o convite, é sempre sensível aos esforços sinceros. Não se trata de te submeteres excessivamente à tensão, mas de estabeleceres para ti uma orientação, visar a meta e afastar do campo visual, como faz o atirador, tudo que não seja o alvo. Renova o "espírito da prece"; esteja no estado de eternidade, o coração submetido ao verdadeiro, a mente regida pelas grandes leis, a imaginação aberta como uma asa, teu ser inteiro experimentando um sentimento que o transcende, mesmo durante o dia que não é abandonado pelas estrelas silenciosas. Sob teus pés, muito abaixo, estarão os ruídos da vida que não percebes mais, pois ouvirás exclusivamente o canto das esferas, que no sonho de Cipião[64] simbolizam a harmonia das forças criadoras.

Abrir-se assim para a verdade, abstrair-se de todo o resto e, se me é permitido dizê-lo, adquirir um bilhete para um outro mundo, é o verdadeiro trabalho. É a este que nos referimos quando afirmamos que duas horas por dia bastam para uma obra. Evidentemente é pouco, mas uma vez todas as condições atendidas, na verdade é o suficiente e valem mais do que as pretensas quinze horas das quais tantos fanfarrões se gabam e propagam até cansar nossos ouvidos.

Algumas pessoas que trabalham de forma exagerada e sem descanso alcançaram, na realidade, esses números fabulosos; seu caso é o que podemos classificar como uma feliz monstruosidade, a menos que não seja uma loucura destrutiva. Os trabalhadores intelectuais normais estimam em duas a seis horas de trabalho o que se pode oferecer de modo contínuo e realmente fecundo. A questão principal não reside no número de horas, mas sim em como as empregamos e na condição de nossa mente.

Aquele que conhece o valor do tempo sempre tem dele o suficiente; na incapacidade de encompridá-lo, intensifica-o, e em primeiro lugar não o reduz. O tempo, tal como o ouro, tem espessura; mais vale a medalha sólida, bem cunhada e de linhagem pura do que a folha dilatada pela arte do batedor. Batedor, batedura: a semelhança das palavras é aqui significativa. Muitos indivíduos compram para si aparências, veleidades confusas, produzem uma espécie de zumbido, murmuram sempre e não trabalham jamais.

É preciso observar que a sessão de trabalho profundamente produtivo não pode ser mais uniforme que a vida intelectual no seu conjunto. Proporcionalmente, contém as mesmas fases; ela se move

---

64. *Sonho de Cipião* é um fragmento da obra *Da República*, escrita por Marco Túlio Cícero. (N.E.)

gradualmente, por vezes com bastante dificuldade; atinge o seu máximo, em seguida se cansa. Trata-se de um ciclo completo, com sua manhã fresca, seu meio-dia ardente, seu anoitecer cadente. Impõe-se ser o Josué dessa noite que se inicia para que ocorra o prosseguimento da batalha sempre demasiado efêmera.

Teremos que voltar a falar das condições dessa claridade protegida; limito-me a indicar aqui uma única delas: defender sua solidão com uma aspereza que não respeita mais nada. Se tens teus deveres, concede a eles no tempo normal o que lhes diz respeito; se tens amigos, providencia encontros oportunos; se pessoas incômodas te solicitam, fecha tua porta educadamente para elas.

Faz-se premente durante as horas consagradas ao trabalho não só não seres incomodado, como também saberes de antemão que não o serás; que uma segurança completa reduza tuas tensões nesse aspecto de modo que possas trabalhar intensamente com satisfação. Um cortejo faustoso de precauções rigorosas nunca será demais. Que Cérbero[65] esteja junto a tua porta. Toda exigência externa é prejudicial a teu trabalho interior, e pode custar a tua mente descobertas preciosas. "Quando os semideuses vão embora, os deuses chegam".[66]

Percebe apenas que essa solidão completa, exclusivo ambiente favorável ao trabalho, não deve ser entendida materialmente. Uma presença pode duplicar tua quietude, em lugar de dissipá-la. Mantém perto de ti um trabalhador igualmente ardente, um amigo absorto em alguma ideia ou alguma ocupação harmoniosa, uma alma eleita que compreende tua obra, a ela se une, apoia teu esforço com uma ternura silenciosa e presa de um ardor que se inflama com o teu: isso não constitui uma distração, mas sim uma ajuda.

Em certos dias, nas bibliotecas públicas, experimentas um sentimento de recolhimento a penetrar-te e carregar-te a todas as partes, como se fosse uma atmosfera. És subjugado por uma impressão religiosa; não ouses distrair-te, não seria possível declinar a isso. Quanto

---

65. Na mitologia grega, cão de três cabeças que é o guardião do Hades (mundo subterrâneo dos mortos). (N.T.)
66. Ralph Waldo Emerson, *Poemas*.

mais há em torno de ti esses adoradores que prestam ao verdadeiro um culto em espírito e em verdade, mais estás sozinho perante o verdadeiro sozinho, mais a contemplação é para ti facilitada e prazerosa.

A administração doméstica de um jovem casal, em que no escritório do esposo vê-se a mesa ou o cesto da lavra da esposa, em que o amor sabe planar e silenciar deixando suas asas flutuarem ao vento do sonho nobre e da inspiração, é ainda uma imagem do trabalho. Na unidade da vida tal como inaugurada por um casamento cristão, há um lugar para a unidade do pensamento e de seu recolhimento necessário. Quanto mais as almas-irmãs estiverem juntas, mais serão defendidas contra o exterior.

Assim ocorre sempre: a solidão, uma vez bem compreendida e bem preparada, tem de ser obstinadamente defendida. Não convém escutar ninguém, nem amigos indiscretos, nem parentes inconscientes, nem pessoas de passagem, nem aqueles que vêm em busca de caridade. Não se pode ter caridade por todos ao mesmo tempo. Pertences à verdade: deves a ela a tua veneração. A excetuar os casos que estão acima da discussão, nada deve prevalecer sobre a vocação.

O tempo de um pensador, quando este verdadeiramente o emprega, é realmente caridade universal; só assim a apreciamos. O homem envolvido com o verdadeiro pertence ao gênero humano com o próprio verdadeiro: nenhum egoísmo a ser temido quando homens se isolam zelosamente a fim de servir esse benfeitor sublime e universal da humanidade.

É preciso, ademais, que saibas fazer-te perdoar afetuosamente por aqueles dos quais te afastas e a quem, por vezes, causas sofrimento por assim agires. Compra a solidão. Paga tuas liberdades servindo-te de gestos delicados de atenção e de atos afáveis de devotamento. É de se desejar que teu retiro seja mais proveitoso a todos do que tua companhia. De qualquer modo, que para eles seja um fardo mínimo. Absolve a ti e que tua independência relativa tenha por contrapeso tua dependência absoluta quando reaparecerem os deveres.

Capítulo V
O campo de trabalho

> I. A ciência comparada. — II. O tomismo, estrutura ideal do saber. — III. A especialidade. — IV. Os sacrifícios necessários.

I

Não se pode dar conselhos muito precisos quanto ao que convém aprender, e menos ainda com referência à dosagem dos elementos admitidos em um plano de trabalho. Santo Tomás não faz qualquer menção a isso nos *dezesseis preceitos*. Na verdade, é questão de vocação pessoal, em uma dependência estreita do objetivo perseguido. Todavia, algumas indicações são possíveis, e disponibilizá-las pode servir de ponto de partida para proveitosas reflexões.

Não abordamos a questão desde seu nascedouro. Estamos nos dirigindo a pessoas que já ultrapassaram a vida escolar e que se propõem a organizar ou completar estudos profundos. A esse nível, o assunto reclama as observações tão interessantes do padre Gratry relativas à *ciência comparada*. Pode-se detectar que o desenvolvimento desse tema nas *Sources* [Fontes] se tornou um tanto desatualizado; mas sua essência permanece e mereceria da parte dos jovens intelectuais sérias ponderações.

Dizemos ciência comparada e por isso entendemos a ampliação das especialidades por meio da aproximação de todas as disciplinas conexas, seguida da associação dessas especialidades e de seu conjunto à filosofia geral e à teologia.

Não é sábio, não é fecundo — dizem — perseguir uma especialidade muito determinada, nela encerrar-se de imediato. Isso corresponde a usar antolhos. Nenhuma ciência é autossuficiente; nenhuma disciplina considerada isoladamente detém luz suficiente para trilhar suas próprias vias. Isolada, ela se limita, se contrai, se estiola e, na primeira oportunidade, perde o rumo.

Uma cultura parcial é sempre indigente e precária. Sem se deter, a mente se ressente; não sei qual liberdade de movimento, qual segurança no olhar lhe faltam e paralisam seus gestos. Um "fruto seco" significa alguém que nada sabe, mas também alguém que foi reduzido e desidratado por haver prematuramente confinado a si mesmo o cultivo de sua terra exclusiva.

É possível assegurar sem incorrer em um paradoxo que cada ciência firmemente impulsionada conduziria às outras ciências, estas à poesia, esta e as ciências à ética, em seguida à política e mesmo à religião naquilo que esta tem de humana. Tudo está em tudo e somente por abstração é possível um sistema de divisórias. Abstrair não é mentir, diz o provérbio: *abstrahere non est mentiri*. Mas isso com a condição de a abstração que distingue, que isola metodicamente, que concentra sua luz em um ponto, não vir a separar daquilo que ela estuda o que mais ou menos diretamente a ela diz respeito. Cortar assim um objeto de suas comunicações é falseá-lo, já que seus vínculos fazem parte dele mesmo.

Será possível estudar uma peça do relógio sem atentar para a peça vizinha? Será possível estudar um órgão do corpo sem preocupar-se com o corpo como um todo? Tampouco se pode progredir em física ou em química sem as matemáticas, em astronomia sem a mecânica e sem a geologia, em ética sem psicologia, em psicologia sem as ciências naturais, em nada sem história. Tudo se liga. As luzes se entrecruzam e um tratado inteligente de cada uma das ciências faz alusão, mais ou menos, a todas as outras.

Se, portanto, desejas preparar-te com uma mente aberta, clara, verdadeiramente poderosa, começa por desconfiar da especialidade. Estabelece tuas bases em conformidade com a altura a que queres ascender; alarga o orifício da escavação de acordo com a profundidade que ela deve atingir. Compreende, de resto, que o conhecimento não é nem uma torre nem um poço, mas uma habitação humana. Um especialista, se não for um homem, é um burocrata; sua ignorância esplêndida faz dele um desorientado entre os seres humanos; ele é desajustado, anormal e tolo. O intelectual católico não copiará esse modelo. Pertencente ao gênero humano por sua vocação, deseja, em primeiro lugar, ser humano; caminhará sobre o solo resolutamente apoiando-se em uma base de sustentação, não saltando nas pontas dos pés.

Nosso conhecimento tentou sondar a noite em todos os sentidos; nossos cientistas nela mergulham a mão para reconduzir as estrelas; esse nobre esforço não deixa indiferente nenhum verdadeiro pensador. Acompanhar até certo ponto as explorações de cada pesquisador constitui para ti uma obrigação que resultará, ao fim, em uma capacidade decuplicada em favor de tuas próprias pesquisas. Quando retornares a tua especialidade após haver, assim, experimentado culturas diversas, após haver ampliado tua visão, captado o sentimento das conexões que ocorrem em profundidade, serás um outro homem, distinto daquele confinado em uma disciplina estreita.

Toda ciência, cultivada à parte, não só não é autossuficiente, como também apresenta perigos que todos os homens sensatos reconheceram. Os matemáticos isolados falseiam o juízo ao habituá-lo a um rigor que não comporta nenhuma outra ciência e menos ainda a vida real. A física, a química se tornam obsessivas devido a sua complexidade e não proporcionam à mente nenhuma amplitude. A fisiologia promove o materialismo; a astronomia, a divagação; a geologia faz de ti um cão de caça que se limita a farejar; a literatura te torna vazio; a filosofia, envaidecido; a teologia te entrega a uma falsa sublimidade e a um orgulho doutoral. É necessário passar de um espírito a outro a fim de corrigi-los, um por meio do outro; impõe-se entrecruzar as culturas para não arruinar o solo.

E não penses que, pelo fato de impulsionar até *certo ponto* esse estudo comparado, significa sobrecarregar-te e atrasar-te no que se refere a um estudo especial. Não irás te sobrecarregar, pois as luzes descobertas na comparação, pelo contrário, aliviarão todas as coisas;

ao captar a amplitude, tua mente tornar-se-á com isso mais apta a receber sem se sobrecarregar.

Quando se tem acesso ao centro das ideias, tudo se torna mais fácil. E que melhor meio de ter acesso a esse centro do que tentar diferentes vias quando todas, tal como os raios de um círculo, proporcionam o sentimento de um encontro e de uma encruzilhada comum?

Conheço um linguista que em quinze dias desenreda uma língua nova. Por quê? Porque ele conhece muitas outras línguas. Basta um olhar de sua parte para apreender o espírito de seu novo idioma, seus caracteres fundamentais, sua constituição inteira. As ciências são as línguas diversas nas quais a natureza inefável é balbuciada com dificuldade pelos seres humanos; decifrar muitas delas significa favorecer cada uma delas, pois no fundo são apenas uma.

Ademais, o instinto poderoso e o entusiasmo despertados em todo indivíduo bem-dotado desse modo de viajar por intermédio da ciência, de explorar esses magníficos domínios como se visitam sucessivamente os fiordes da Noruega, o Corno de Ouro, os hipogeus do Egito, os pampas da América do Sul e os palácios chineses, esse ardor de alguma forma épico, ao qual está presa uma inteligência vigorosa ao contato das grandezas do espírito, comunica ao estudo uma eloquência e facilidades maravilhosas.

Um rabino a que se censurava de sobrecarregar a lei respondeu: "Quando um alqueire está cheio de nozes, pode-se ainda nele verter muitas medidas de azeite". Essa pessoa tinha o zelo que, no que se refere à capacidade espiritual, corresponde ao calor que dilata os corpos. Uma taça exposta ao sol tem maior capacidade do que à sombra. Uma mente embriagada ante o espetáculo do verdadeiro, por ele expandida como um arco-íris, torna-se capaz de adquirir sem fadiga, jubilosamente, conhecimentos que fatigariam aquele tristemente circunscrito a uma única ciência.

Os grandes homens sempre se mostraram mais ou menos universais. Atingindo a excelência em alguma parte, foram nas demais ao menos curiosos, com frequência cientistas, por vezes até especialistas. Não circunscreverias a uma só cultura homens como Aristóteles,

Bacon, Leonardo da Vinci, Leibniz ou Goethe. Henri Poincaré[67] suscitava imensa admiração em todos os seus colegas de todos os departamentos da Academia de Ciências por seus pareceres geniais; consultá-lo era o mesmo que se situar de imediato no centro do conhecimento, ali onde não há mais ciências diversas.

Tu não tens tais pretensões? Que seja! Mas para cada um proporcionalmente aquilo que foi praticado pelos grandes permanece uma indicação fecunda. Realiza um projeto amplo que gradualmente diminuirá do prisma do tempo devotado a cada estudo secundário, jamais do prisma da amplitude do olhar e do espírito de trabalho.

Escolhe bem teus conselheiros. Um único tomado entre mil para o conjunto de tua atividade, outros para cada uma de suas partes, se for necessário. Reparte o tempo; regula a sucessão dos objetos de estudo: isso não é aleatório.

Em cada coisa, vai direto ao essencial; não te permitas o atraso devido às minúcias: não é por meio de suas minúcias que as ciências se unem; com frequência, é por meio de seu detalhe, mas o detalhe característico, isto é, ainda assim a essência.

Ademais, não podes encontrar uma diretriz em tudo isso antes de ter penetrado no que nos resta dizer.

Do mesmo modo que nenhuma ciência particular não se basta, também o conjunto das ciências não se basta na ausência da rainha das ciências: a filosofia,[68] nem o conjunto dos conhecimentos humanos na ausência da sabedoria egressa da própria ciência divina: a teologia.

O padre Gratry se pronunciou acerca desse ponto das verdades capitais e Santo Tomás, muito mais profundamente ainda, marcou

---

67. Henri Poincaré (1854-1912), matemático francês. (N.T.)
68. É algo digno de nota o fato de atualmente o cientista ser convidado por sua própria ciência a elucidar problemas que até agora só diziam respeito à filosofia: causalidade, determinismo, probabilidade, contínuo e descontínuo, espaço, tempo, etc. É lógico que é do filósofo que o cientista deveria tomar emprestadas essas noções; o filósofo, porém, o mais das vezes, se furta a isso, satisfeito com suas antigas categorias, e o cientista tem de, ele mesmo, filosofar, o que executa sem experiência e frequentemente de maneira errada.

o lugar, o posto dessas duas rainhas do duplo reino.[69] As ciências, sem a filosofia, abrem mão de sua soberania e se desorientam. As ciências e a filosofia sem a teologia abrem mão mais ainda da soberania, pois a coroa que repudiam é uma coroa celeste e se desorientam de uma forma mais irremediável, pois a Terra sem o céu não encontra mais nem a trajetória de sua órbita nem as influências que a tornam fecunda.

Agora[70] que a filosofia cedeu, as ciências declinam e se dispersam; agora que a teologia é ignorada, a filosofia é estéril; nada conclui; faz a crítica sem critério e ainda sem critério faz história; com frequência é sectária e destrutiva; às vezes é abrangente e eclética; nunca é tranquilizadora e realmente esclarecedora; ela não ensina. E, para seus mestres, detentores da dupla infelicidade de ignorar e ignorar que ignoram, a teologia é uma coisa do outro mundo.

Sim, certamente, a teologia é, com efeito, do outro mundo quanto a seu objeto; mas o outro mundo carrega este, dá-lhe continuidade em todos os sentidos, na retaguarda, na dianteira e acima, e não é de surpreender que o ilumina.

Se o intelectual católico pertence a seu tempo, nada pode fazer de melhor senão trabalhar dando sua contribuição para nos restituir a ordem de que carecemos. O que faz falta nesta época do ponto de vista da doutrina não é a dose de conhecimento, é a harmonia deste, harmonia somente obtenível recorrendo-se aos primeiros princípios.[71]

A ordem da mente deve corresponder à ordem das coisas e, visto que a mente somente se instrui verdadeiramente pela investigação das causalidades, a ordem da mente deve corresponder à ordem das causas. Se, portanto, há um Ser primordial e uma Causa primeira,

---

69. Ver notadamente, na *Suma teológica*, toda a Primeira Questão; no Comentário sobre o *De Trinitate* de Boécio, a Questão II, art. 2; no *Contra os Gentios*, o capítulo I do Livro Primeiro.
70. O autor escreve no início do século XX. (N.T.)
71. Charles Dunan escreveu estas palavras contundentes: "Para a filosofia moderna, os problemas transcendentes são inexistentes. Mas a recíproca é verdadeira: se esses problemas existem, é a filosofia moderna que não existe". *Les deux idéalismes* [Os dois idealismos], Paris: Alcan, 1911. p. 182.

é nesse âmbito que se consuma e se esclarece em última instância o conhecimento. Primeiro, para o filósofo por meio da razão; a seguir, para o teólogo a empregar a luz vinda do alto; o homem de verdade deve centrar sua pesquisa naquilo que é ponto de partida, regra e meta suprema; no que é tudo para todas as coisas, como para todos.

A ordem somente surge, em qualquer gênero de objetos ou de disciplinas, no momento em que os princípios, hierarquicamente classificados até o princípio primeiro, desempenham seus papéis de princípios, de líderes, como em um exército, como em uma residência organizada, como em um povo. Hoje, repudiamos os primeiros princípios, e o conhecimento dissolveu-se. Tudo que temos são migalhas, trajes velhos que ainda guardam algum brilho, mas nenhuma roupa; capítulos magníficos, mas nenhum livro acabado, nenhuma Bíblia.

As Bíblias do conhecimento foram outrora as *Sumas:* não possuímos mais Sumas e ninguém entre nós está em condições de escrever uma. Tudo é caótico. Mas, ao menos, se uma Suma coletiva é prematura, cada homem que pensa e que deseja verdadeiramente *saber* pode tentar constituir sua Suma pessoal, isto é, introduzir a ordem em seu conhecimento recorrendo aos princípios dessa ordem, isto é, filosofando e coroando sua filosofia por meio de uma teologia sumária, mas profunda.

Os cientistas cristãos, do começo ao fim do século XVII, eram todos teólogos, e os cientistas, cristãos ou não, até o século XIX, eram todos filósofos. A partir de então, o conhecimento declinou; ganhou em superfície e perdeu em altura e, portanto, também em profundidade, uma vez que a terceira dimensão tem dois sentidos que se correspondem. Que o católico consciente dessa aberração e de suas consequências não sucumba a ela; vindo a ser intelectual ou desejoso de tornar-se um, que tenha como alvo a intelectualidade completa, que conceda a si todas as dimensões dela.

Dizia o padre Gratry que a teologia veio inserir na árvore da ciência um enxerto divino, graças ao qual essa árvore pode produzir frutos que não são seus. Nada se subtrai de sua seiva; pelo contrário, a ela se concede uma circulação gloriosa. Em razão desse novo impulso impresso ao saber, desse recorrer do cientista cristão, após coligir seus próprios dados, à colaboração celeste, todos os conhecimentos são vivificados e todas as disciplinas, ampliadas. A unidade da fé confere ao trabalho intelectual o caráter de uma cooperação imensa. É a obra coletiva dos seres humanos unidos em Deus. E é por isso que a ciência cristã, tal como é, e muito mais ainda quando for escrita a Suma dos tempos modernos, só pode superar em amplitude e inspiração todos os monumentos da antiguidade e do neopaganismo. As Enciclopédias têm com ela uma proximidade muito semelhante àquela que tem Babel com as catedrais.

Na procura da verdade, deveria ser proibido ignorar um tal tesouro. Espero que a próxima geração, posta na estrada por esta que supera tão notoriamente seus ancestrais, venha a abordar com seriedade e sem temor do julgamento alheio a ciência das ciências, o cântico dos cânticos do saber, a teologia inspiradora e única capaz de uma conclusão final. Nela encontrar-se-ão ao mesmo tempo a maturidade e o arrebatamento, o lirismo vigoroso e calmo que constitui a vida completa da mente.

Não é tão difícil, como se crê, obter a compreensão da teologia, e não constitui um estudo muito extenso no que diz respeito ao grau que se trata de atingir nela. Elegê-la como especialidade seria outra coisa. Dedica a ela quatro horas por semana durante os cinco ou seis anos que supõem uma formação: bastará isso. Tudo que terás de fazer em seguida é conservar o que aprendeu de teologia.

Mas, sobretudo, não te vás confiar em falsos mestres. Não demores para abordar Santo Tomás de Aquino. Estuda a Suma, sem primeiro te omitires de te inteirares com muita precisão do conteúdo da fé. Tem à mão o Catecismo do Concílio de Trento, o qual é, ele mesmo, um excepcional resumo de teologia.[72] Adquire um conhecimento pleno desse manual e segue com Santo Tomás, dia a dia, o

---

72. A título de auxílio, tomo a liberdade de indicar o *Catéchisme des Incroyants* [Catecismo dos Descrentes], publicado pela Flammarion, com o propósito de facilitar a nossos contemporâneos a compreensão da doutrina cristã e de seus fundamentos.

desenvolvimento racional da ciência divina. O texto parecerá a ti de início seco, abstruso; depois, gradualmente, as luzes dominadoras brilharão; as primeiras dificuldades vencidas terão por recompensa vitórias novas; aprenderás a língua do país e, ao cabo de certo tempo, nele circularás como se estivesses em casa, sentindo que esta tua casa é uma moradia sublime.

Estuda, bem entendido, em latim! As traduções da *Suma* traem o seu pensamento. Aquele que se deixasse deter por causa do pequeno esforço de desenredar uma língua que uma mente ordinária poderia dominar em dois meses não mereceria nossa preocupação com sua formação.[73] Dirigimo-nos aos estudantes diligentes: que estes, desejosos de adentrar a "adega dos vinhos", se esforcem na procura de sua chave.

Qualquer texto introdutório que ofereça a ti uma noção do teor de Santo Tomás e uma espécie de introdução a ele seria útil. Embora não te devas demorar nesse texto, não deixes de aceitar esse auxílio para te pores em marcha.[74]

Por outro lado, um professor particular de mente aberta e bem--informado seria no começo uma imensa ajuda: eu quase chegaria a dizer ajuda indispensável. Ele iria iniciar-te aos poucos no vocabulário especial do tomismo, poupar-te-ia incertezas e mal-entendidos, esclareceria um texto mediante um outro, indicaria pistas para ti e cuidaria para não dares passos em falso em tua caminhada. Todavia, compenetrado como sou a respeito do prejuízo que pode ser causado por amigos desajeitados, pelo desaquecimento e pelo tipo de escândalo que ocasionam comentários tolos, digo a ti: busca de preferência

---

73. Acreditaram alguns, ao ler esta frase, que o autor estivesse de posse de um segredo que lhe permitisse ensinar a alguém o latim em dois meses! Não se trata do latim, mas da língua de Santo Tomás, a qual é para o latim clássico quase o que é a "montanha Sainte-Geneviève" para o Pic du Midi. O vocabulário tomista é tão limitado, as expressões a tal ponto sempre as mesmas e tão estranhas ao que constitui a dificuldade do latim, que realmente apenas a preguiça faria alguém recuar diante de um tesouro acessível a um custo tão pequeno.

74. Cf. como texto elementar: Jacques Maritain, *Elementos de filosofia*, Tequi, 1920. Para o trabalhador mais avançado: A.-D. Sertillanges, *Saint Thomas d'Aquin* [Santo Tomás de Aquino], na *Collection des Grands Philosophes*, Alcan, 1910.

a solidão a uma ajuda deficiente. Esforça-te para quebrar a noz; ela machucará tuas mãos, mas cederá, e Santo Tomás, ele próprio, instruirá seu discípulo.

Para isso, convém consultar cuidadosamente por ocasião de cada artigo as passagens diferentes às quais as edições te remetem; consulta o *Index Tertius*, este tesouro; compara; faz os documentos se completarem, se comentarem, e redige teu próprio artigo. Isto será um excelente exercício que trará a tua mente flexibilidade, vigor, precisão, ódio do sofisma e das aproximações, largueza e, ao mesmo tempo, acumulação progressiva de noções nítidas, profundas, bem encadeadas, sempre ligadas a seus princípios primeiros e constituindo, mediante sua coadaptação, uma síntese vigorosa.

II

Com isso resulta muito naturalmente eu expor meu pensamento relativamente ao tomismo considerado como estrutura de uma ciência comparada.

Não se poderia contestar a utilidade de possuir o mais cedo possível, desde o início se houver para isso a possibilidade, um conjunto de ideias diretrizes que formassem um corpo, capaz, inclusive, como o ímã, de atrair e subordinar a si todos os nossos conhecimentos. Quem não possuir isso assemelha-se, no universo intelectual, ao viajante que facilmente se move para o ceticismo ao visitar tanto civilizações discordantes quanto doutrinas adversas.

Essa grave confusão constitui uma das grandes infelicidades de nosso tempo. Livrar-se dela graças ao equilíbrio intelectual proporcionado por uma doutrina segura representa um benefício incomparável. Ora, o tomismo, no que toca a isso, é soberano. Aqui, prevejo os protestos. Como os experimentei em 1920, devo prevê-los ainda. Julgo, portanto, útil dizer a quem esteja disposto a depositar em mim alguma confiança: quanto mais prossigo, mais me convenço de que é no tomismo verdadeiramente que se encontra o futuro para nossas inteligências católicas, por seu valor em si mesmas, e, o que é mais significativo e *mais do que tudo*, por sua adaptação aos dias de hoje.[75] Os partidários do último barco dirão o que lhes aprouver, a importância de uma doutrina e sua novidade são duas coisas distintas. O gênio não tem data. Quando se trata de coisas eternas, a sabedoria consiste em dirigir-se à pessoa que, em qualquer data no tempo, soube mergulhar o mais profundamente no coração da eternidade.

De resto, indico aqui um inconveniente. Deslumbrados com a glória de Santo Tomás, alguns o abordam com entusiasmo. Quanta expectativa! E após terem lido duas ou três páginas se desencantam. É que, sem o suspeitarem, imaginavam encontrar nessa obra, em lugar de pesados lingotes de ouro, joias que estão na moda, com o que muito naturalmente ficam decepcionados. Mas é um erro abordar as obras-primas do pensamento como as da arte ou da natureza, comparando-as com a ideia imprecisa e falsamente grandiosa que se formava delas. Não é possível que se encaixem nessa moldura. Em contrapartida, suas sólidas perfeições existem, e é estúpido delas nos privarmos por não atenderem a nossa expectativa, ou não conseguirmos nos adaptar a elas.

Assim, persisto em dizer aos jovens católicos que me leem: estudem Santo Tomás, pois ele é o homem dos tempos atuais. Dir-se-ia que ele foi criado com sete séculos de antecedência para saciar nossa sede. Comparado à água com sabor de limão que nos servem, ele é uma fonte límpida. Após se ter vencido mediante um esforço vigoroso as primeiras dificuldades de uma exposição arcaica, ele transmite serenidade a tua mente, estabelece-a com clareza total e oferece-lhe uma estrutura a um tempo flexível e vigorosa para suas aquisições ulteriores.

O tomismo é uma síntese. Devido a isso, não é uma ciência completa; mas a ciência completa pode nele se apoiar como se fosse em um poder de coordenação e de elevação complementar quase miraculoso. Se um papa pôde dizer da obra de Santo Tomás considerada nos seus detalhes *Quot articuli, tot miracula* [Tantos artigos, tantos

---

75. Reiterando que o autor escreveu esta obra em 1934. (N.T.)

milagres], tem-se muito mais forte razão de afirmar que o conjunto é um prodígio.

Estuda esse sistema, aprecia suas características, avalia suas ideias principais, depois a ordem delas, depois a fecundidade de sua genealogia descendente, a largueza do ponto de vista, ou, para melhor expressá-lo, a capacidade vital de cada noção em face dos fatos e das noções acessórias que a podem nutrir: verás com assombro que nenhum conjunto parcial pode ser comparado a esse enquanto força de atração com respeito a tudo, que nenhuma semente tem maior poder de absorção e canalização dos sucos da terra.

O tomismo é uma posição intelectual tão bem selecionada, tão distanciada de todos os extremos onde se cavam os abismos, tão central em relação aos picos, que a ele nos conduzimos logicamente a partir de todos os pontos do conhecimento, e dele irradiamos sem descontinuidade do caminho em todas as direções do pensamento e da experiência.

Outros sistemas se opõem aos sistemas vizinhos: o tomismo os reconcilia dentro de uma luz mais elevada, considerando o que os seduziu ao erro e preocupando-se em fazer justiça a tudo que têm de justo. Outros sistemas foram contrariados pelos fatos: o tomismo vem ao encontro dos fatos, os envolve, os interpreta, os classifica e os consagra como se fosse por um direito.

Nenhuma metafísica oferece às ciências da natureza princípios de organização e de interpretação superior mais úteis; nenhuma psicologia racional está mais bem relacionada com o que a psicologia experimental e a ciências correlatas descobriram; nenhuma cosmologia é mais flexível e mais acolhedora quanto às descobertas que desconcertaram tantas fantasias antigas; nenhuma ética serve melhor ao progresso da consciência humana e das instituições.

Não posso tentar aqui fornecer mesmo a mais modesta prova da positividade dessas afirmações; na expectativa de que cada um o experimente por sua própria conta, trata-se de uma questão de confiança. Mas a confiança do católico não deve atingir naturalmente aquela que é receptora da missão e da graça para guiar do alto o impulso de sua mente?

A Igreja acredita atualmente, como acreditou desde o início, que o tomismo é uma arca da salvação, capaz de preservar ilesas e flutuantes as mentes em meio ao dilúvio das doutrinas. A Igreja não confunde isso com a fé nem tampouco com a ciência em toda sua amplitude; a Igreja sabe que ele é falível e que tomou parte, em tudo que é teoria transitória, dos erros dos tempos. Mas ela estima que sua moldura corresponde à constituição do real e da inteligência, e constata que tanto a ciência como a fé contribuem para isso, já que ele próprio se posicionou entre elas como um pequeno castelo na encruzilhada.

Em um tal domínio nada se pode impor, mas digo a quem se decide pela ciência comparada, isto é, que se decidiu a empreender em conjunto como uma única pesquisa o estudo de ramos particulares do conhecimento, com o acompanhamento da filosofia e da teologia, o seguinte: consulta teu íntimo, tenta descobrir em teu coração suficiente fé em teu guia secular para não te veres na situação de ter de regatear em matéria de adesão livre e filial. Se obtiveres sucesso nisso, tua fidelidade terá sua recompensa; atingirás um nível que não conhece nem o solipsismo orgulhoso nem a modernidade destituída de apoio na eternidade.

III

Não tardemos em completar o que acabamos de dizer acerca da ciência comparada para que não se pense que sob esse manto estimulamos a adesão a uma ciência enciclopédica. Sob certas condições, quanto mais se sabe, melhor; mas, de fato, não havendo possibilidade de tais condições serem atendidas — hoje mais do que nunca — o espírito enciclopédico se revela inimigo da ciência.

A ciência consiste mais em profundidade do que em superfície. A ciência constitui um conhecimento por meio das causas e estas se aprofundam como raízes. É necessário sempre sacrificar a extensão a favor da penetração, sendo esta a razão de a extensão, por si mesma, nada ser, enquanto a penetração, introduzindo-nos no núcleo dos fatos, fornece-nos a substância daquilo que investigamos em uma busca sem fim.

Defendemos certa extensão, mas era a favor da própria profundidade e a título de formação; obtida a formação e assegurado o aprofundamento de suas possibilidades, impõe-se cavar, e somente a especialização o permite.

É frequente aquilo que se faz indispensável no começo tornar-se hostil na sequência. A hostilidade se manifestaria aqui de muitas maneiras e conduziria à decadência da mente por vias diversas.

Para começar, cada um possui suas próprias capacidades, seus recursos, suas dificuldades interiores ou exteriores, e devíamos nos perguntar se seria sábio cultivar igualmente aquilo para o que fomos feitos e aquilo que se mantém mais ou menos fora de nosso alcance. Nada contra superar uma dificuldade; é preciso fazê-lo. Entretanto, a vida intelectual não deve ser uma acrobacia permanente. É muito importante trabalhar com alegria e, portanto, com relativa facilidade, e, portanto, na direção das próprias aptidões. É necessário, ao avançar no início por diversas vias, descobrir a si mesmo e, uma vez detectada a própria vocação especial, nela fixar-se.

Na sequência, um perigo espreita as mentes que abraçam demasiados objetos de estudo: é o perigo de se contentar com pouco. Satisfeitas com suas expedições indiscriminadas em todas as direções, essas mentes deixam de se esforçar; seus progressos, inicialmente rápidos, são como o fogo fátuo sobre a terra. Nenhuma energia desdobra-se por muito tempo se não for estimulada pela dificuldade crescente e sustentada, inclusive, pelo interesse crescente de uma sondagem laboriosa. Uma vez examinado o conjunto, avaliado em suas relações e em sua unidade de princípios fundamentais, faz-se urgente, caso não se deseje ser condenado à estagnação, partir para uma tarefa precisa, limitada, proporcional às próprias forças, e a ela doravante dedicar-se de todo o coração.

O que propusemos há pouco encontra nesse caso sua recíproca. Dizíamos: é preciso entrar em diversas vias para experimentar o sentimento dos encontros; é preciso tocar a terra extensivamente para atingir as profundezas. Feito isso, se não pensarmos mais do que cavar no centro, a restrição aparente trará proveito a todo o espaço, e o fundo do orifício mostrará todo o céu. Sempre que dizemos algo com profundidade, desde que tenhamos alguma noção do resto, este resto em toda a sua extensão se beneficia por ser capaz de viajar rumo às profundezas. Todos os abismos se assemelham e todas as fundações se comunicam.

Ademais, supondo que nos dediquemos, munidos de uma mesma energia duradoura, a todos os ramos do conhecimento, encontrar-nos-emos prontamente diante de uma tarefa impossível. Qual o futuro agora? Tendo desejado ser legião, esquecemos de ser alguém; objetivando o gigante, nos diminuímos como seres humanos.

Cada um, na vida, tem sua obra a ser realizada; deve a ela se aplicar corajosamente e deixar aos outros o que lhes é reservado pela Providência. Trata-se de distanciar-se da especialidade enquanto nosso objetivo for tornarmo-nos cultos e, no que diz respeito a quem são dirigidas estas páginas, um homem superior. Mas é preciso recorrer novamente à especialidade quando se trata de ser um homem exercendo uma função e se propondo a uma produção útil. Em outros termos, é necessário tudo *compreender*, mas isto em vista de chegar a *fazer* alguma coisa.

IV

É de se concluir disso nossa obrigação de aceitar, no seu devido tempo, os sacrifícios que se fazem necessários. É muito penoso ter de dizer a si mesmo: ao optar por um caminho, tenho de dar as costas a mil outros. Tudo é interessante; tudo poderia ser útil; tudo atrai e seduz a mente generosa. Mas há a morte; há as necessidades do espírito e da natureza: forçoso submeter-se àquilo que o tempo e a sabedoria nos furtam e contentar-se com isso, com um olhar de simpatia que será uma homenagem adicional ao verdadeiro.

Não te envergonhes de ignorar o que não poderias saber exceto ao custo da dispersão. Que tenhas, nesse aspecto, humildade; sim, pois isso marca nossos limites. Mas nossos limites aceitos constituem uma parte de nossa virtude; daí emerge uma grande dignidade: aquela do indivíduo que acata sua lei e que desempenha seu papel. Nós somos pouca coisa; porém, fazemos parte de um todo, o que nos honra. O que não fazemos ainda assim o fazemos: Deus o faz, nossos irmãos o fazem e estamos com eles na unidade do amor.

Assim sendo, não penses que para ti tudo é possível. Mede a ti mesmo, mede tua tarefa; depois de algumas apalpadelas inevitáveis, aprende a aceitar teus limites sem ser inflexível contigo; preserva, por meio de leituras e, se necessário, mediante pequenos trabalhos, o benefício dos primeiros estudos que fizeste, o contato com as coisas amplas; mas, quanto à maior parte de teu tempo e de tuas forças, concentra-te. O homem de ciência pela metade não é aquele que só sabe a metade das coisas, é aquele que só as sabe pela metade. Saiba o que decidiste saber; lança um olhar no resto. O que não pertence a tua vocação própria deixa nas mãos de Deus, sob Seus cuidados. Não sejas um desertor de ti mesmo por haveres querido substituir a todos.

Capítulo VI
O espírito do trabalho

I. O ardor da pesquisa. — II. A concentração. — III. A submissão ao verdadeiro. — IV. As ampliações. — V. O senso do mistério.

I

Uma vez determinado o campo de trabalho, convém assinalar o espírito que deve animar o trabalhador intelectual, o qual é, em primeiro lugar, antes de qualquer modo particular de sua aplicação, um espírito do zelo. "Esclarece-te quanto a tuas dúvidas", diz Santo Tomás a seu discípulo.

Uma mente ativa está constantemente em busca de alguma verdade que é para ela, no momento, a figuração dessa verdade integral à qual ela consagrou seu culto. A inteligência é semelhante à criança, em cujos lábios os *porquês* não se calam. Um bom educador deixará sem satisfação tal inquietude fecunda? Não tira ele proveito de uma curiosidade nova, como de um jovem apetite, a fim de alimentar solidamente o organismo espiritual nascente? Nossa alma não envelhece e está sempre em crescimento; no que toca à verdade, é sempre uma criança; nós mesmos encarregados de sua educação permanente, não devemos, tanto quanto possível, deixar sem solução nenhum dos problemas que se colocam diante de nós no desenrolar do trabalho, e sem a conclusão apropriada nenhuma de nossas investigações.

Que o estudioso, portanto, ouça a verdade. Enquanto está debruçado sobre seu trabalho, experimenta o sopro do Espírito que transmite a ele seu alento, revela-se talvez de fonte externa, envia seus profetas, homens, coisas, livros, acontecimentos: a alma atenta não deve negligenciar em nada com respeito a isso, porquanto esse espírito do verdadeiro, semelhante à graça, passa com frequência e não retorna. Ele próprio, ademais, não é uma graça?

O grande inimigo do conhecimento é nossa indolência; é essa preguiça original que inspira a aversão ao empenho, que até proporciona vez ou outra, de maneira caprichosa, algum esforço intenso, mas não tarda a retornar a um automatismo negligente, a considerar um impulso vigoroso e contínuo um verdadeiro martírio. Quem sabe realmente um martírio, dada nossa constituição. Mas esse martírio, deve-se estar preparado para ele ou renunciar ao estudo, pois o que se pode fazer sem uma energia viril? "Tu, ó Deus, vendes todos os bens aos homens ao preço do esforço", escreveu Leonardo Da Vinci em suas notas. Ele próprio se lembrou disso. A mente é como o aeroplano que só consegue se manter no alto avançando a toda força de sua hélice. Parar significa cair.

Ao contrário, um ardor tenaz é capaz de nos levar além de todos os limites previstos por nossos sonhos. Não se sabe até que ponto a inteligência é plástica e suscetível de treinamento. Disse Bossuet: "A mente humana é capaz de descobertas infinitas e somente sua preguiça fixa limites a sua sabedoria e a suas invenções". O que consideramos barreira não passa a maior parte das vezes das urzes formadas por nossos defeitos e nossas negligências sensuais. Entre conceber e projetar, projetar e executar, executar e aperfeiçoar, quantas demoras, quantos fracassos! O hábito do esforço aproxima essas etapas e possibilita a transição da concepção ao acabamento segundo um declive rápido. O homem forte instala diante de si a escada de Jacó para as subidas e descidas dos anjos que nos visitam.

Certas mentes aí chegam prontamente contentando-se com certa conquista de conhecimento. Tendo trabalhado no começo, perderam o sentimento de seu vazio. Não pensam que estamos sempre vazios daquilo que não temos e que em um domínio de descobertas ilimitadas jamais se tem espaço para decretar: paremos aqui. Tratando-se apenas de exibição ou de alguma vantagem, um pequeno estoque de ideias pode bastar nesse caso. Muitos se servem assim de um leve biombo para mascarar nos outros e em si mesmos uma vasta ignorância. Uma vocação genuína, porém, não se satisfaz com tão pouco; ela encara toda conquista como um ponto de partida. Saber, buscar, saber novamente e compartilhar para continuar buscando é a vida de alguém consagrado ao verdadeiro, como adquirir, não importa qual seja sua fortuna, é o objetivo do avaro. O intelectual sincero diz todo dia ao Deus da verdade: "*O zelo de Tua casa me devora*".

É, sobretudo, tardiamente que, mais do que nunca, se trata de vigiar contra tal tentação. Conhecemos o caso daqueles chamados de "bonzos", velhos sábios que ofegam sob as honras, que esmagamos à força de exigências e que perdem devido à exibição o tempo que outrora consagravam às descobertas. Munidos de melhores ferramentas agora, não produzem mais; a despeito de contar com sustentação de todas as formas, não passam de uma sombra de si mesmos. Dizia-se do pintor Henner[76] ao fim de sua vida: "Tudo que ele produz é um falso Henner". Não assino embaixo essa declaração, mas são palavras cruéis e, no tocante a todos aqueles que tais palavras poderiam atingir, revelam-se amedrontadoras. Não devemos dissimular que também junto aos jovens se constata esse tipo de divagação inconsistente prematura que, feliz com um achado real ou aparente, o explora até a saciedade e leva à perda, ao esticar um fio cada vez mais tenso, esforços que seriam mais bem empregados na fundição de um lingote ou na cunhagem de uma medalha.

Um verdadeiro pensador traz a seu trabalho um espírito totalmente diferente; ele é movido por um instinto de conquistador, um arrebatamento, um entusiasmo e uma inspiração heroicos. Um herói não se estabelece, não se limita. Um Guynemer[77] julga uma vitória como se fosse um ensaio para uma outra vitória; com base em uma ação de extraordinário vigor, ele voa, parte novamente, atinge o adversário, volta-se contra um novo e vê exclusivamente na morte o desfecho de sua carreira.

---

76. Jean-Jacques Henner (1829-1905), pintor francês. (N.T.)
77. Georges Guynemer (1894-1917), aviador francês. (N.T.)

Necessário buscar sempre, esforçar-se sempre. A natureza impulsiona a jovem árvore silvestre a reflorescer, o astro a brilhar, a água a fluir descendo celeremente pelos declives, contornando os obstáculos, enchendo os vazios, sonhando com o mar que a aguarda lá embaixo, ao qual ela, quem sabe, chegará. A criação, em todos os seus estágios, é uma aspiração contínua: a mente, que em potência é todas as coisas, não pode por si limitar suas formas ideais mais do que as formas naturais das quais elas são o reflexo. Caberá à morte fixar esse limite e, inclusive, sua impotência. Que ao menos se tenha a coragem de fugir das fronteiras da preguiça. O infinito diante de nós reclama o infinito de nosso desejo para corrigir, na medida do possível, a debilitação total de nossas forças.

II

Esse espírito do zelo deve se conciliar com uma concentração que todos os pensadores profundos nos recomendam. Nada mais desastroso do que a dispersão. Difundir a luz significa enfraquecê-la em proporções geometricamente crescentes. Pelo contrário, se tu a concentras com a interposição de uma lupa, aquilo que mal era aquecido mediante a livre radiação se inflama no foco em que o ardor é intensificado.

Que tua mente aprenda a imitar a lupa graças a uma atenção convergente; que tua alma vise por completo ao que se estabeleceu em ti em um estado de ideia dominante, de ideia que absorve. Fixa uma sequência para tuas tarefas de modo a capacitar-te a uma dedicação plena a elas. Que cada tarefa se apodere de ti como se fosse exclusiva. Esse era o segredo de Napoleão;[78] é o de todas as pessoas muito ativas. Os próprios homens de gênio só se destacaram devido à aplicação de toda sua força ao ponto no qual haviam se decidido concentrar-se.

Indispensável deixar cada coisa por conta de si mesma, realizá-la no seu devido tempo, reunir todas as condições para essa sua

---

78. Napoleão Bonaparte (1769-1821), general, político e imperador da França entre 1804 e 1814. (N.T.)

realização, devotar ao trabalho que ela requer a plenitude dos recursos disponíveis e, uma vez que a tenhamos levado a cabo, passar serenamente a uma outra. Com isso, acumula-se uma quantidade incrível de resultados sem o desgaste produzido pela agitação.

Não que não se possa ter diversos empreendimentos a ponto de serem iniciados: isso é, inclusive, necessário, pois, a fim de adquirir uma perspectiva, uma melhor autocrítica e, se preciso, corrigir a si mesmo, para repousar após um esforço por meio de um outro, e talvez também por motivos acidentais, não se pode evitar a interrupção e a troca de tarefas. Mas então, o que dizemos sobre concentração aplica-se a cada ocupação e a cada retomada que lhe diz respeito. No momento em que uma está em questão, é necessário excluir a outra, estabelecer um sistema de divisões estanques, insistir no ponto abordado para só então efetuar a permuta.

Vaivéns nunca resultam em êxito. O viajante que tateia e enceta sucessivamente diversos caminhos se esgota, se desencoraja e não avança. Ao contrário, a continuidade por uma só via e as retomadas enérgicas seguidas de relaxamentos oportunos, nomeadamente quando a primeira fase da ação foi atendida, são o meio de produzir o máximo e, ao mesmo tempo, de conservar a mente fresca e a própria coragem incólume. A alma de um verdadeiro trabalhador intelectual, a despeito de suas preocupações e de sua multiplicidade sucessiva, deveria sempre, entre dois esforços ardentes para transpor o obstáculo, ser encontrada tranquila e nobre como a união das nuvens no horizonte.

Que se acresça que essa lei de toda atividade é reforçada quando se trata do pensamento puro, em razão da unidade do verdadeiro e da importância de manter sob nosso olhar todos os seus elementos que garantem que a clareza brote do pensamento. Cada ideia, por pouco que o seja verdadeiramente, possui uma riqueza infinita; em associação com todas as demais, pode com isso regenerar-se incessantemente. Enquanto essas interdependências esclarecedoras se manifestarem, enquanto o verdadeiro irradiar-se, não desvies teu olhar; mantém na mão o fio que te guia pelo labirinto; lança a semente de um pensamento fecundo, depois a semente da planta nova; não te fatigues nem de cultivar nem de semear: uma só semente que germinar vale pelo campo inteiro.

Todas as obras de uma mente bem constituída deveriam ser apenas desenvolvimentos de um só pensamento, de um sentimento da vida que procura suas formas e suas aplicações. M. Bergson não nos disse, ainda recentemente: "Um filósofo digno desse nome", escreve ele, "nunca disse senão uma coisa"? Com razão ainda mais incisiva, todas as diligências de um período definido de trabalho, de um empreendimento, de uma sessão de estudos devem se orientar por uma disciplina estrita. Cavar sempre o mesmo orifício é o meio de descer profundamente e subtrair da terra os seus segredos.

Um dos efeitos dessa concentração será a seleção, em meio à massa confusa que quase sempre se apresenta diante de nós, quando de nossas primeiras investigações. Gradualmente, as conexões essenciais serão descobertas e é nisso que, sobretudo, consiste o segredo das obras de grande envergadura. O valor não se acha em nenhuma parte da multiplicidade; acha-se nas relações de alguns elementos que regem todo o objeto de estudo, ou todo o ser, que desvendam a lei que serve de fundamento e, consequentemente, capacitam o indivíduo a produzir a criação original, a obra que se destaca e que é de grande importância. Alguns fatos bem selecionados ou algumas ideias sólidas — sólidas, digo eu, por sua coerência e seus encadeamentos mais do que por seu teor — são a matéria suficiente de uma produção genial. Dirigir bem suas investigações e centralizar bem seus trabalhos foi a arte completa dos grandes homens; é o exemplo deles que cada um precisa tentar imitar a fim de atingir o limite de si mesmo.

III

Há, contudo, uma outra coisa ainda mais importante, que é nos submeter, ao mesmo tempo que à disciplina do trabalho, à disciplina do verdadeiro, a qual constitui a condição estrita de sua relação. Uma pronta obediência: eis o que convoca em nós a verdade. Para esse encontro solene devemos levar uma alma respeitosa. A verdade somente se entrega se primeiro estivermos despojados e munidos de uma firme decisão quanto ao fato de que somente ela basta. A inteligência que não se entrega está em um estado de ceticismo, e o cético está escassamente equipado para a verdade. A descoberta constitui o fato resultante da simpatia; ora, quem diz simpatia diz dádiva.

Pelo pensamento *encontramos* alguma coisa, não a fazemos; nos negarmos a nos submeter a isso significa não a encontrarmos, e não nos submetermos de antemão a ela significa nos esquivarmos de seu encontro. Cedendo ao verdadeiro e nos exprimindo o melhor que pudermos, mas sem uma adulteração criminosa, praticamos um culto ao qual o Deus interior e o Deus universal responderão revelando sua unidade e se associando com nossa alma. Nisso como em tudo é a vontade pessoal que é a inimiga de Deus.

Essa submissão pressupõe humildade, e teríamos de lembrar aqui o que dizíamos a respeito das virtudes para o reinado da inteligência, pois todas as virtudes têm por base a exclusão da personalidade orgulhosa, a qual repugna a ordem. Intelectualmente, o orgulho é o pai das aberrações e das criações fictícias; a humildade é o olho que lê no livro da vida e no livro do universo.

O estudo poderia ser definido dizendo-se: É Deus que em nós toma consciência de sua obra. Tal como toda ação, a intelecção vai de Deus a Deus como através de nós. Deus é dela a causa primeira; é dela o fim último: nessa passagem, nosso eu transbordante é capaz de desviar o impulso. De preferência, abramos os olhos com sabedoria para que nosso Espírito inspirador veja.

Nosso intelecto é na sua totalidade uma faculdade passiva; somos intelectualmente fortes na medida em que somos receptivos. Não é que não há espaço para a reação, mas a reação vital sobre a qual extensivamente nos debruçaremos não deve nada mudar no tocante ao teor de nossas aquisições — ela tão só as torna nossas. Uma ampla cultura ao povoar a mente nela desencadeia novos esboços de ideias e aumenta sua capacidade; mas sem humildade, essa atração exercida sobre o mundo externo será também uma fonte de mentiras. Ao contrário, para a mente cultivada e humilde as luzes provêm de todas as partes, a ela aderem firmemente como a aurora aos cimos.

Além da humildade, é preciso recomendar ao pensador certa passividade na sua postura que corresponde à natureza da mente e à natureza da inspiração. Conhecemos mal o comportamento da mente, mas sabemos que a passividade é sua lei primeira. Sabemos menos ainda sobre a trajetória da inspiração, mas nos é possível constatar que ela utiliza em nós mais a inconsciência do que as iniciativas. Avançamos pelas dificuldades como um cavaleiro se movendo à noite: mais vale confiarmos em nossa montaria do que puxar as rédeas imprudentemente.

Uma atividade excessivamente voluntária torna nossa inteligência menos segura e menos receptiva; o excesso de agitação nos mantém trancados dentro de nós mesmos, ao passo que compreender é tornar-se outro e sofrer uma invasão que nos transmite felicidade. Tenta pensar no objeto da ciência, não em ti mesmo, como quando se fala deve-se fazê-lo no espaço, não nas próprias cavidades. Os cantores sabem ao que me refiro; do mesmo modo, aqueles que experimentaram a inspiração hão de me compreender. É preciso olhar *através* da mente, rumo às coisas, não *na* mente, mais ou menos esquecida das coisas. Na mente existe *aquilo pelo que* se vê, mas não *aquilo que se vê*: que o meio não nos distraia do fim.

"O essencial é estar em êxtase," escreve o pintor de afrescos Louis Dussour, "mas esforçando-se para compreender como tudo se encadeia e se constrói." Ora é o êxtase que falta, ora é a construção. Mas aqui nos referimos ao primeiro.

Eis o trabalho profundo: deixar-se penetrar pela verdade, ser por ela submerso suavemente; nela inundar-se, não mais pensar que se pensa, nem que se é, nem que nada no mundo é fora da própria verdade. Tal é o êxtase bem-aventurado.

Para Santo Tomás, o êxtase é o filho do amor que te faz sair de ti para o objeto de teus sonhos: amar a verdade com suficiente ardor para nela se concentrar e transportar-se assim no universal, naquilo que é, no seio das verdades permanentes, é a atitude de contemplação e produção fecunda. Está-se, então, recolhido sobre si mesmo, porém com o olho na presa, como a fera, a vida interior intensificada, mas experimentando-se um sentimento do remoto, como se estivéssemos circulando entre os astros. O sentimento é simultaneamente de se estar disperso e acorrentado, livre e escravizado; somos plenamente nós mesmos ao nos devotarmos a algo mais elevado do que nós; exaltamo-nos nos perdendo: é o *nirvana* da inteligência arrebatador e poderoso.

Se foste visitado por esse espírito, não vás desalentá-lo e expulsá-lo em favor de uma forma de trabalho inteiramente artificial e exterior. Se ele estiver ausente, apressa seu retorno por meio de teus votos humildes. Sob a ofuscação divina, tens mais a ganhar em pouco tempo do que em muito entregue a teus pensamentos abstratos. "Em teu adro, Senhor, um dia vale mais do que mil" (Salmos 83,11).

Evita tanto tempo quanto possas o retorno da atividade voluntária, o despertar da Esposa. Que tua mente seja a cera, não o sinete para que a linhagem da verdade permaneça pura. Pratica o *santo abandono*. Obedece a Deus; sejas como o poeta inspirado, como o orador que uma vaga interior eleva e junto ao qual o pensamento não pesa mais.

Por outro lado, tendo a receber das pessoas mediante a leitura, o ensinamento, os relacionamentos, experimenta esta regra de ouro inserida por Santo Tomás no meio dos *dezesseis preceitos*: "Não observes de quem escutas as coisas, mas tudo que se diz de bom confia à tua memória".

A história das ciências está repleta de resistências e conflitos entre talentos, indivíduos de gênio, grupos e agremiações. Laennec[79] se opõe a Broussais;[80] Pouchet,[81] a Pasteur;[82] Lister[83] tem a Inglaterra contra si; Harvey,[84] toda a humanidade acima de quarenta anos. Dir-se-ia que a verdade é demasiado exuberante e que se faz necessário sustar sua célere multiplicação geométrica. Entretanto, as leis do

---

79. René Laennec (1781-1826), médico francês. (N.T.)
80. François-Joseph-Victor Broussais (1772-1838), médico francês. (N.T.)
81. Félix Archimède Pouchet (1800-1872), biólogo francês defensor da teoria da geração espontânea. (N.T.)
82. Louis Pasteur (1822-1895), biólogo e químico francês. (N.T.)
83. Joseph Lister (1827-1912), médico cirurgião inglês. (N.T.)
84. William Harvey (1578-1657), médico inglês. (N.T.)

mundo submetem-se à matéria: por que a mente teria tanta dificuldade de dominar a mente?

Na *Primeira Carta aos Coríntios* (c. XIV), é dito que, se ao menor dos fiéis em oração for revelada alguma coisa, os outros devem calar-se e escutá-lo. Santo Tomás faz a seguinte reflexão a respeito: "Ninguém, por mais sábio que seja, deve rejeitar a doutrina de outra pessoa, por mais modesta que seja",[85] e isso se relaciona a um outro conselho paulino: "Estimai-vos com toda a humildade considerando os outros superiores a si mesmo." (Filipenses 2,3). Aquele é superior no momento em que se encontra mais próximo da verdade e dela recebe a luz.

O que importa em um pensamento não é sua proveniência, mas sim sua grandeza; o que é interessante no próprio gênio não é nem Aristóteles, nem Leibniz, nem Bossuet, nem Pascal — é a verdade. Quanto mais preciosa é uma ideia, menos importa saber de onde provém. Educa-te na indiferença das fontes. Somente a verdade tem direito e ela o tem em toda parte em que se mostra. Tanto quanto não é necessário afiliar-se a ninguém, menos ainda convém desdenhar alguém, e, se não é conveniente *crer em todas as pessoas*, não devemos, tampouco, nos recusarmos a crer em quem quer que seja, desde que exiba suas credenciais.

Aí reside a grande liberdade, e sua recompensa é tão ampla que tentaria a própria avareza se esta não se acreditasse mais bem disposta vigiando os próprios cofres. Acreditamos de bom grado deter tudo, sermos capazes de tudo, e é só distraidamente que ouvimos o que os outros têm a dizer. Damos ouvidos somente a alguns privilegiados, homens ou livros, e apenas eles atuam como nossos inspiradores. Ora, na realidade, a inspiração está em toda parte; o Espírito sopra a plenos pulmões tanto nos vales quanto frequenta as montanhas. Na mais precária inteligência reside um reflexo da Sabedoria infinita, e a humildade profunda sabe reconhecê-la.

Como não se sentir na presença de Deus diante de alguém que ensina? Não é esta pessoa que ensina a imagem de Deus? Por vezes

---

85. In: *Evang. Joann.* C. IX, lect. 3, final. [Evangelho Segundo São João 9,3. (N.E.)]

imagem deformada, mas frequentemente autêntica, e a deformação é sempre parcial. Perguntar a nós mesmos a que preço dar-se-ia a correção e em que medida a retidão se conserva seria um trabalho mais fecundo do que dar de ombros ou opor-se asperamente. Opor-se sempre é inútil, mais vale refletir. Em todo lugar em que o Deus da verdade deixou algo de si mesmo, devemos nos apressar para colher, para venerar religiosamente e nos servir diligentemente. Não faremos a colheita ali onde passou o semeador eterno?

IV

Enfim, para enobrecer o espírito do trabalho, cumpre adicionar ao ardor, à concentração, à submissão um esforço em prol da prodigalidade que confere a cada estudo ou a cada produção um alcance de certa maneira total.

Um problema não pode ser encerrado em si mesmo; ele transborda em função de sua própria natureza, visto que a inteligibilidade invocada por ele é tomada emprestada de fontes superiores a ele mesmo. O que dissemos acerca da ciência comparada também nos instrui aqui. Cada objeto de nosso estudo pertence a um conjunto no qual atua e é receptor de ação, submete-se a condições e estabelece suas próprias; não é possível estudá-lo isoladamente. O que denominamos especialidade ou análise pode muito bem ser um método, mas não deve ser um espírito de trabalho. O trabalhador intelectual será enganado por seu próprio estratagema? Isolo uma peça de um mecanismo para enxergá-la melhor, mas enquanto a seguro e meus olhos a observam meu pensamento deve mantê-la em seu lugar, vê--la desempenhar sua função no todo, sem o que altero o verdadeiro e torno o todo incompleto e o mecanismo incompreensível.

O verdadeiro é uno. Tudo se associa na verdade única suprema; entre um objeto particular e Deus estão todas as leis do mundo, cuja amplitude vai crescendo a partir da norma aplicada a esse objeto até o Axioma eterno. Por outro lado, a mente humana também é una; sua formação não poderia satisfazer-se com a mentira das especialidades consideradas como uma dispersão do verdadeiro e do belo em frações esparsas. Por mais restrita que seja tua investigação, por mais estreito que seja o caso que ocupa teu tempo, são sempre o todo do ser humano e o universo que estão realmente em questão. O sujeito e o objeto visam ambos ao universal. Estudar verdadeiramente uma coisa é evocar gradualmente o sentido de todas as outras e de sua solidariedade, é introduzir-se no concerto dos seres; é unir-se ao universo e a si mesmo.

Referimo-nos há pouco à concentração; mas estávamos cientes de que não desejávamos com isso restringir o estudo. Concentrar e ampliar estão em perfeita harmonia, sendo um e outro necessários. Chamo de concentração a convergência da atenção em um ponto; chamo de ampliação o sentimento de que esse ponto é o centro de um vasto conjunto, e mesmo o centro de tudo, pois dentro da esfera imensa "o centro está em toda parte, e a circunferência, em parte alguma".

Nossa mente tem essa dupla tendência: unificar os detalhes para chegar a uma síntese abrangente; entretanto, se nos perdermos nos detalhes, condenaremos ao esquecimento o sentimento de unidade. É necessário equilibrar essas duas propensões. A primeira corresponde ao objetivo da ciência; a segunda, à nossa debilidade. Devemos isolar para obter uma melhor penetração, mas em seguida é necessário unir para compreender melhor.

Portanto, ao trabalhar, não instales teu ponto de vista demasiado baixo. Pensa em termos de altitude. Mantém a alma de um vidente ao examinar os pequenos ramos da verdade e, por maior razão ainda, não diminuas as questões sublimes. Sente a ti mesmo em conexão com os grandes segredos, sob o sopro dos grandes seres; percebe a luz que penetra aqui ou ali, mas que mais adiante, em continuidade com essa rede muito fina, inunda os mundos e se conjuga com a Fonte pura.

Corot não pinta uma árvore esquecendo o horizonte; Velásquez[86] instala sua *As meninas* em pleno Escurial,[87] em plena vida, seria mais

---

86. Diego Velásquez (1599-1660), pintor espanhol. (N.T.)
87. Monastério de El Escorial, palácio histórico que concentra mosteiro, museu e biblioteca, localizado no município de San Lorenzo de El Escorial, situado 45 quilômetros a noroeste de Madri, na Espanha. (N.E.)

verdadeiro ainda dizer na plenitude do Ser, pois é o sentimento do mistério do Ser que faz desse prodigioso talento um gênio que torna a alma estupefata, encantando os olhos. É uma regra da arte pictórica a necessidade de pensar, sobretudo na porção que não se pinta, e, adicionalmente, que essa porção cede ao *caráter*, ao alcance geral do tema, à ampliação exterior à própria tela.

O artista, no que respeita ao menor detalhe, deve estar em um estado em que experimenta a fantasia universal; o escritor, o filósofo, o orador, em um estado em que se pensa e se sente universalmente. Ao pousar o dedo em um ponto do mapa-múndi, impõe-se sentir toda sua extensão e sua esfericidade. É sempre do todo que se fala.

Distancia-te dessas mentes que nunca são capazes de sair da escolaridade, que são escravas do trabalho em lugar de impulsioná-lo diante de si em plena luz. Deixar-se prender por fórmulas estreitas e paralisar a mente por meio de formas livrescas constitui uma marca de inferioridade que claramente contradiz a vocação intelectual. Hilotas ou eternas crianças: tais são os nomes desses pretensos trabalhadores intelectuais, que encontramos desorientados em todas as regiões elevadas diante das quais existe um largo horizonte, e que de bom grado reduziriam os outros a sua ortodoxia estreita de ensino elementar.

O gênio está em ver no trabalho de alguém aquilo que nele não se colocará; nos livros, aquilo que seriam incapazes de expressar. As entrelinhas de um grande texto são o seu verdadeiro tesouro; sugerem, dão a pensar que nada é estranho aos pensamentos mais profundos do ser humano. Em lugar de depreciá-los, de subtrair-lhes todo o conteúdo, empresta, portanto, aos assuntos restritos o que lhes confere a sólida substância, a saber, aquilo que não lhes pertence, mas é comum a eles e aos outros assuntos, a eles e a todos, como a luz é comum às cores e à sua distribuição entre os seres.

O ideal seria estabelecer na própria mente uma vida comum dos pensamentos que se interpenetrariam e que constituiriam, por assim dizer, apenas uma vida. Assim acontece em Deus. Seria possível encontrar um modelo melhor para guiar de longe nosso modesto conhecimento?

O espírito de contemplação e de prece que exigimos nos aproximaria muito naturalmente desse estado; por si mesmo ele produz esse fruto. Adotando o ponto de vista de Deus, graças ao qual cada coisa obtém sua suprema ligação e todas sua coesão, devemos nos sentir no centro de tudo, convidados por riquezas e possibilidades inesgotáveis.

Se quisermos refletir bem sobre isso, dar-nos-emos conta de que a espécie de deslumbramento de que somos tomados em face de uma verdade nova vincula-se a esse sentido de perspectivas indefinidas e de conexões universais. Esse único passo dado na direção do verdadeiro é como uma excursão banhada pela luz. Vê-se o mundo sob uma nova luz; sente-se o todo a palpitar ao contato do fragmento redescoberto. Mais tarde, essa ideia, reconduzida a suas próprias fronteiras, onde desempenhava o papel de precursora, poderá afigurar-se mesquinha àquele que ela ofuscava; não evocando mais do que ela mesma, morre, frustra o sentimento do infinito que é a alma de toda pesquisa.

Os grandes homens padeceram dessa insensibilização das ideias. Sua visão será grande: julgam seus resultados pequenos. Daí a necessidade de lê-los, também eles, dentro de um espírito não literal, não livresco, dentro de um espírito de superação que os devolverá simplesmente a si mesmos. A letra mata: que a leitura e o estudo sejam espírito e vida.

V

Foi suficiente dizer que o sentido do mistério deve permanecer, mesmo após nosso esforço máximo e mesmo depois de a verdade parecer nos sorrir. Aqueles que creem compreender tudo só por isso demonstram não compreender nada. Aqueles que se satisfazem com respostas provisórias para problemas que, na realidade, são sempre formulados falseiam a resposta que lhes é dada, ignorando que é parcial. Toda questão é um enigma que a natureza propõe a nós, e Deus através dela; o que Deus propõe somente Deus pode responder. As portas do infinito estão sempre abertas. O que há de mais interessante em cada coisa é aquilo que não se exprime. Não foi Biot[88] que, abordado por um confrade nos seguintes termos: "Vou te formular uma questão interessante", respondeu: "É inútil: se tua questão é interessante, não tenho resposta para ela". "Não sabemos o todo de coisa alguma", diz Pascal, e "para compreender a fundo uma única coisa," acrescenta Claude Bernard,[89] "seria necessário compreender todas." Poderíamos dizer da verdade plena presente em uma matéria qualquer o que dizia de Deus Santo Agostinho: "Se tu compreendes, diz a ti que não é isso". Mas alguém cuja mente é pequena acredita possuir o cosmos e tudo que este possui; com um balde na mão contendo três litros de água cintilante diz: "Olha, conquistei o oceano e os astros".

Santo Tomás, no fim de sua vida, tomado por esse sentimento do mistério que tudo envolve, respondia ao irmão Reginaldo que o estimulava a escrever: "Reginaldo, não posso mais: tudo que escrevi a mim parece apenas palha". Não tenhamos a presunção de desejar que esse elevado desespero venha demasiado cedo; ele é uma recompensa; é o silêncio precursor do grande brado que vibrará toda alma invadida pela luz; mas um pouco dessa agitação é o melhor corretivo do orgulho que cega e das pretensões que nos fazem perder o rumo. É também um estimulante do trabalho, porque as luzes longínquas nos atraem enquanto mantemos a esperança de atingi-las. Pelo contrário, caso se creia que tudo está dito e que só resta aprender, trabalhamos em um pequeno círculo e neste nos imobilizamos.

Um caráter elevado sabe que nossas luzes são apenas os graus de sombra pelos quais ascendemos rumo à claridade inacessível. Tudo que fazemos é balbuciar, enquanto o enigma do mundo é perfeito. Estudar é precisar algumas condições, classificar alguns fatos: só se estuda digna e fecundamente colocando esse pouco sob os auspícios daquilo que ainda ignoramos. Não é colocá-lo na obscuridade, pois a luz que não se vê é a que melhor sustenta os reflexos de nossa noite astral.

---

88. Jean-Baptiste Biot (1774-1862), físico e astrônomo francês. (N.T.)
89. Claude Bernard (1813-1878), fisiologista francês. (N.T.)

O mistério é em todas as coisas a luz do que conhecemos, tal como a unidade é a fonte do número, tal como a imobilidade é o segredo das corridas vertiginosas. Sentir em si mesmo o murmúrio de todo o ser e de toda a duração, convocá-los para o testemunho, é ainda, a despeito de seu silêncio, cercar-se das melhores garantias para a aquisição do verdadeiro. Tudo está ligado a tudo, e as relações nítidas dos seres mergulham nessa noite na qual penetro às apalpadelas.

Capítulo VII
A preparação para o trabalho

A. A leitura. — B. A organização da memória. — C. As anotações.

A. A leitura

I. Ler pouco. — II. Escolher. — III. Quatro espécies de leitura. — IV. O contato com os gênios. — V. Conciliar em lugar de se opor. — VI. Apropriar-se e viver.

I

Trabalhar significa aprender e significa produzir: nos dois casos, requer uma longa preparação. Com efeito, produzir é um resultado e, para aprender, quando se trata de matéria árdua e complexa, é preciso ter atravessado o simples e o fácil: "é pelos regatos, não de imediato, que se deve alcançar o mar", nos diz Santo Tomás.

Ora, a leitura constitui o meio universal de aprender e consiste na preparação imediata ou remota de toda produção.

Não se pensa jamais isoladamente; pensa-se em associação com as pessoas, no âmbito de uma colaboração imensa; trabalha-se com os trabalhadores do passado e com os do presente. Todo o mundo intelectual é comparável, graças à leitura, a uma sala de redação ou a uma agência de negócios: cada um encontra nas vizinhanças a iniciação, a ajuda, o controle, a informação, o encorajamento de que necessita.

Saber ler e se servir de suas leituras é, por conseguinte, para o estudioso uma necessidade primordial, e queira Deus que a inconsciência costumeira das pessoas não se esqueça disso!

A primeira regra é a seguinte: lê pouco. Em 1921, no *Le Temps*, Paul Souday, que, pelo que parece, tinha algo pelo que se vingar de mim, prendeu-se a esse preceito: "Lê pouco", na tentativa de nele descobrir um espírito de ignorantismo. Meu leitor sabe qual o valor dessa crítica. Paul Souday certamente não estava menos ciente desse valor. Não estou aconselhando ninguém a reduzir tolamente suas leituras: tudo que afirmamos anteriormente lançaria um protesto contra tal interpretação. Desejamos construir para nós uma mente abundante, praticar a ciência comparada, preservar diante de nós um horizonte aberto: isso não se consegue sem muita leitura. Muito e pouco, porém, só se opõem no mesmo terreno. Aqui é preciso muito em termos absolutos porque a obra é vasta, mas pouco em relação ao dilúvio de escritos que hoje inundam as bibliotecas e as almas, mesmo em torno de uma especialidade de menor importância.

O que se proscreve é a leitura com caráter de paixão, o impulso descontrolado, a intoxicação devido ao excesso de alimento intelectual, a preguiça disfarçada que opta por uma visita fácil à produção intelectual alheia, preterindo o esforço pessoal.

A paixão pela leitura, da qual muitos se orgulham como se fosse uma valiosa qualidade intelectual, é na verdade uma falha, que em nada difere das outras paixões que monopolizam a alma, a conservam perturbada, nela introduzindo e nela fazendo entrecruzarem correntes confusas que esgotam suas forças.

É necessário ler inteligentemente, não passionalmente. É necessário dirigir-se aos livros como uma dona de casa se dirige ao mercado, depois de estabelecidos os seus cardápios do dia em conformidade com as leis da higiene e de um gasto prudente. A mente da dona de casa no mercado não é aquela que ela terá, ao anoitecer, no cinema. Não se trata de se exaltar, de se deslumbrar, mas de administrar uma casa e de nesta promover o bem-estar.

A leitura desordenada entorpece a mente, não a nutre; aos poucos a torna incapaz de reflexão e de concentração e, consequentemente, de produção; ela a exterioriza internamente, se podemos nos expressar assim, e a torna escrava de suas imagens mentais, desse fluxo e refluxo do qual a mente se faz a expectadora ardente. Tal embriaguez é um álibi que despoja a inteligência e não lhe permite mais do que seguir os rastros dos pensamentos alheios e se entregar à corrente das palavras, dos desenvolvimentos, dos capítulos, dos tomos.

As ligeiras excitações permanentes assim provocadas arruínam as energias, tal como uma contínua vibração desgasta o aço. Nenhum trabalho verdadeiro se pode esperar do leitor assíduo depois de ter ele extenuado os olhos e as meninges; ele se acha espiritualmente em estado de cefalalgia, ao passo que o trabalhador intelectual sábio, preservando a posse de si mesmo, de forma tranquila e leve, só lê o que deseja reter, só retém aquilo que deve servir, organiza o próprio cérebro e não o maltrata por meio de um abarrotamento absurdo.

Portanto, é preferível que saias a fim de ler o livro da natureza, respirar o ar fresco, relaxar. Depois da atividade necessária, trata de organizar a recreação necessária em lugar de te entregares a um automatismo que tudo que tem de intelectual é sua matéria, a qual em si mesma é tão banal quanto deslizar ladeira abaixo ou realizar uma escalada destituída de propósito.

Fala-se de se manter "informado", e não há dúvida de que um intelectual não pode ignorar o gênero humano nem, sobretudo, se desinteressar em relação àquilo que se escreve no domínio de sua especialidade; mas toma cuidado para que o "informado" não arraste em teu caso toda a tua disposição para o trabalho consigo e, em lugar de te impelir para a frente, passe a imobilizar-te. A embarcação só avança quanto é tu mesmo que remas; nenhuma corrente é capaz de te conduzir ao lugar que desejas alcançar. Constrói tu mesmo teu próprio caminho, e não te envolvas com todos os rastros alheios com que topares.

A redução das leituras deve recair principalmente sobre aquelas detentoras de menos substância e de menos seriedade. É incogitável te envenenares com tantos romances. Ler um ou outro ocasionalmente a título de distração e não negligenciar um talento literário, muito bem; mas isso não passa de uma concessão, pois a maioria dos romances transtorna a mente e oferece pouquíssima distração; agitam e desconcertam as ideias.

Quanto aos jornais, defende-te deles com uma energia tornada indispensável devido à constância e à indiscrição de seus ataques. É preciso estar ciente do que os jornais contêm, mas eles contêm tão pouco! Com efeito, seria tão fácil inteirar-se desse conteúdo sem se instalar em um sofá indolentemente por horas intermináveis! De qualquer modo, há horas mais apropriadas para correr no encalço de notícias do que as horas do trabalho.

Um digno trabalhador deveria contentar-se, parece, com a crônica semanal ou bimensal de uma revista e, quanto ao restante, apenas conservar os ouvidos atentos, e somente recorrer aos diários caso lhe seja indicado um artigo emérito ou um acontecimento de peso.

Faço minha síntese no tocante a isso dizendo: nunca leias quando puderes te recolher em tuas reflexões. Lê unicamente, salvo nos momentos de distração, o que tem relação com a meta que persegues, e lê pouco a fim de não devorar o silêncio.

II

Nessas primeiras observações já está incluído o princípio da escolha. "Quanto," dizia Nicole, "se deve empregar de discernimento ao que serve de alimento a nossa mente e que deve ser a semente de nossos pensamentos! Com efeito, o que lemos hoje com indiferença reaparecerá ocasionalmente e fornecerá a nós, sem mesmo que nos apercebamos disso, pensamentos que serão a fonte de nossa salvação ou de nossa perda. Deus faz reaparecer os bons pensamentos para nos salvar; o diabo faz reaparecer os maus pensamentos dos quais encontra a semente em nós."[90]

É necessário, portanto, escolher, o que significa duas coisas: escolher *os* livros e escolher *nos* livros.

---

90. Nicole. *Essais de morale contenus en divers traités* [Ensaios de moral contidos em diversos tratados], t. II, Paris, 1733, p. 244.

Quanto a escolher os livros, não creias na propaganda interessada e nos títulos que seduzem. Conta com conselheiros devotados e especialistas. Bebe somente nas fontes. Frequenta apenas a elite dos pensadores. O que nem sempre é possível em matéria de relações pessoais é fácil, e é preciso tirar proveito disso no que diz respeito a leituras. Admira de todo o coração o que merece essa admiração, mas não seja pródigo na tua admiração. Despreza as obras mal escritas, que são provavelmente povoadas por pensamentos precários.

Lê somente livros nos quais as ideias mestras são brilhantemente expressas em primeira mão. A quantidade desses livros é pequena. Os livros se repetem, se diluem, ou então se contradizem, o que constitui uma outra forma de se repetirem. Se olharmos de perto, constataremos que as descobertas do pensamento são raras; aquele fundo antigo ou, melhor dizendo, o fundo permanente é nele o melhor, e é imperioso nos apoiarmos nisso para podermos comungar verdadeiramente com a inteligência do ser humano, distantes das tacanhas individualidades balbuciantes ou ávidas de querelas. Foi uma comerciante ligada aos chapéus da moda (Srta. Bertin) que descobriu o seguinte: "Tudo o que há de novo é o que foi esquecido". A maioria dos escritores não passam de editores; isso é alguma coisa, mas é o próprio autor que me atrai.

Consequentemente, lerás sem preconceito qualquer coisa que tenha sido bem escrita; levarás em consideração o fator atualidade; tu o levarás em consideração quanto mais tenha um caráter informativo e um caráter positivo que evoluem e crescem; desejas pertencer a teu tempo; não serás "um tipo arcaico". Mas, por outro lado, tampouco te deixes imbuir da superstição do novo. Ama os livros eternos que expressam as verdades eternas.

Deverás escolher em seguida *nos* livros, onde tudo não é igual. Para isso, não assumas uma postura de juiz, agindo, de preferência, como se fosses em relação a teu autor um irmão na verdade, um amigo e um amigo inferior, já que ao menos em certos aspectos tu tomas o autor como um guia. O livro é alguém mais velho: cumpre respeitá-lo, abordá-lo sem orgulho, escutá-lo sem prevenção, suportar suas falhas, procurar o grão no meio da palha. Mas tu és um homem livre; permaneces responsável: conserva-te suficientemente reservado a fim de preservar tua alma e, se necessário, defendê-la.

"Os livros são obras dos seres humanos", diz ainda Nicole, "e a corrupção humana se imiscui na maioria das ações humanas, e como ela consiste na ignorância e na concupiscência, quase todos os livros se ressentem desses dois defeitos".[91] Passar por um crivo, a fim de depurar, é, portanto, frequentemente necessário no desenrolar de uma leitura. Para isso, é preciso confiar-se a Deus e ao melhor de si mesmo, ao si mesmo que é filho de Deus e em quem um instinto do verdadeiro, um amor ao bem servirá de salvaguarda.

Lembra, ademais, que em parte um livro vale o que tu vales e aquilo que o fazes valer. Leibniz se servia de tudo; Santo Tomás tomou dos hereges e dos paganizadores de sua época uma plêiade de ideias, e não sofreu qualquer dano por conta disso. Um homem inteligente encontra em toda parte a inteligência, ao passo que um tolo projeta sobre todos os muros a sombra de sua fronte estreita e inerte. Escolhe o melhor que puderes, mas empenha-te para que tudo seja bom, generoso, desperto para o verdadeiro, prudente e progressivo, pois com isto terás sido tu próprio.

III

Visando ser um pouco mais preciso, devo distinguir quatro espécies de leitura. O objetivo da leitura é nossa formação e nos tornarmos alguém; lemos em vista de uma tarefa; lemos como treinamento para o trabalho e para o bem; lemos para nos distrair. Há leituras que são *de base*, leituras *ocasionais*, leituras que servem de *estímulo* ou para *edificação* e leituras para o *relaxamento*.

Todos esses gêneros de leitura devem ser controlados conforme indicamos; por outro lado, cada um apresenta também suas exigências particulares. As leituras de base exigem a docilidade; as leituras

---

91. Op. cit., p. 246.

ocasionais, a maestria; as de estímulo, o ardor; as leituras para relaxamento, a liberdade.

Quando trilhamos o caminho da formação e a meta é aprender quase tudo, não é o momento das iniciativas. Quer se trate de uma etapa inicial da formação, de uma cultura panorâmica ou da abordagem de uma nova disciplina, um problema até então negligenciado, os autores consultados para contribuir nesse sentido devem ser mais acreditados do que criticados, e acompanhados mais no processo que lhes é peculiar do que empregados segundo os pontos de vista do leitor. Atuar demasiado cedo prejudica o aprendizado; constitui marca de sabedoria primeiro submeter-se. "É preciso acreditar no próprio mestre", diz Santo Tomás repetindo Aristóteles. Ele mesmo acreditou e tirou proveito disso.

Não se trata em absoluto de se submeter às cegas; um espírito nobre não se deixa acorrentar, mas como a arte do comando só se aprende na obediência, também o domínio do pensamento só se obtém pela disciplina. Uma atitude de respeito, de confiança, de fé provisória enquanto não tivermos à mão todas as normas do juízo é uma necessidade tão evidente que a ela se furtam apenas os vaidosos e os presunçosos.

Ninguém é infalível, mas o discípulo o é muito menos do que o mestre, e se ele, discípulo, recusar a submissão, pois uma única vez há de ter razão, escamoteará o verdadeiro vinte vezes e se tornará vítima das aparências. Ao contrário, a crença é uma passividade relativa; ao conceder ao mestre alguma coisa daquilo que é devido à verdade, o proveito é desta e se permite no fim até a utilização das insuficiências e das ilusões do doutor. Só se sabe o que falta a um homem estimando sua riqueza.

Para começar, constitui uma sabedoria elementar escolher entre mil os guias aos quais se quer confiar. A escolha de um pai intelectual é sempre algo sério. Nós nos aconselhamos com Santo Tomás para as doutrinas elevadas; não podemos nos encerrar aí, mas três ou quatro autores para conhecer a fundo a cultura geral, três ou quatro autores para nossa especialidade e um número quase igual para cada problema que se coloca diante de nós é tudo de que necessitamos.

Recorrer-se-á a outras fontes para *se informar*, não para *se formar*, e a postura da mente não será mais igual.

Será, inclusive, em certos aspectos, o inverso, pois aquele que se informa, que deseja fazer uso, não se encontra mais em um estado de pura receptividade, mas tem sua própria ideia, seu próprio plano; a obra consultada se torna sua serva. Requer-se sempre uma dose de submissão, porém esta se dirige então mais ao verdadeiro do que ao escritor, e se ela concerne a este último, concede-lhe uma fé talvez a ponto de não contestar suas conclusões, e ainda assim sem seguir mais a sua marcha.

Essas questões de postura têm muita importância, pois consultar uma obra da mesma maneira que se a estuda significa perda de tempo, ao passo que estudar na disposição daquele que consulta significa permanecer seu único senhor e perder o benefício da formação que um iniciador a ti poderia oferecer.

Aquele que lê em vista de um trabalho tem a mente dominada por aquilo que pretende fazer; não mergulha nas águas, haure delas; mantém-se à margem, preserva a liberdade de seus movimentos, reforça com cada coisa que toma emprestada sua própria ideia em lugar de afundá-la na ideia de outrem, e emerge de sua leitura enriquecido e não despojado, o que teria ocorrido se a fascinação da leitura prejudicasse o propósito de utilização que a justificava.

No que diz respeito às leituras de estímulo, a escolha, além de nossas regras gerais, deve recorrer à experiência individual. O que te proporcionou o êxito tem chance de continuar proporcionando-o. No longo prazo, uma influência pode desgastar-se, mas inicialmente é intensamente atuante; o hábito a aviva; uma penetração mais estreita a aclimata em nós; a associação das ideias e dos sentimentos vincula a essa página estados de alma que ela traz de volta.

Ter assim nos momentos de depressão intelectual ou espiritual seus autores favoritos, suas páginas estimulantes, tê-los à disposição, sempre prontos a inocular em ti sua boa seiva, constitui um recurso imenso. Sei em relação a isso que a peroração da Oração fúnebre do Grande Condé tem motivado determinadas pessoas ao longo dos anos todas as vezes que sua eloquência volta a entrar em cena. Outras pessoas, no que se refere ao espiritual, não resistem ao *Mistério de Jesus* de Pascal, a uma *prece* de Santo Tomás, a certo capítulo de *A imitação* ou a certa parábola. Que cada um observe a si mesmo, anote seus sucessos, classifique bem perto de si seus *remédios para as enfermidades da alma* e não tema recorrer mais uma vez, insistentemente, à mesma poção fortificante ou ao mesmo antídoto.

Quando se trata de relaxamento, a importância da escolha parece muito menor; ela, com efeito, o é relativamente. Mas que ninguém pense ser indiferente distrair-se com isso ou aquilo se o objetivo for retornar nas condições mais seguras ao que é sua razão de ser. Certas leituras não te relaxam o suficiente; outras te relaxam demais à custa do recolhimento que deve constituir a sequência; outras podem desviar-te, o que entendo aqui no sentido etimológico, isto é, impelir-te para fora de teus caminhos.

Conheço alguém que se distraía de um trabalho árduo lendo a *História da filosofia grega*, de Zeller:[92] era uma distração, mas insuficiente. Outros leem histórias apimentadas ou fantásticas que causam certa dissociação em sua mente; outros se entregam a tentações que desestimulam seu trabalho e são nocivas a suas almas. Tudo isso é ruim. Se os livros são servidores, como os objetos que utilizamos em nossas vidas, aqueles, sobretudo, que cumprem uma função acessória têm de ser subalternos. Não faz sentido te sacrificares pelo teu leque.

Muitos pensadores têm encontrado um alívio e sedução habituais nas narrativas de viagens e explorações, na poesia, na crítica de arte, na leitura de comédias, nas memórias. Todos têm seus gostos e o gosto é aqui algo capital. Segundo Santo Tomás, somente uma coisa produz o repouso verdadeiro: a alegria. Tentar distrair-se com algo tedioso ou triste seria enganoso.

Lê o que te agrada, o que não produz em ti excessiva excitação, o que não te prejudica de maneira alguma e, considerando que, mesmo quando te distrais, és um consagrado, tem a inteligência de

---

92. Eduard Zeller (1814-1908), filósofo alemão. (N.T.)

ler, em paridade com aquilo que é útil para teu repouso, o que será útil a ti de outra maneira, contribuindo contigo para o completamento de teu ser, o embelezamento de tua mente, te auxiliando a ser humano.

IV

Quero falar de modo especial, associando a isso uma extrema importância no que se relaciona à conduta da mente e à condução da vida, acerca de como nos servirmos dos grandes homens. O contato com os gênios é uma das graças da escolha que Deus concede aos pensadores modestos. A isso deveríamos nos preparar como se deve fazê-lo com referência a uma oração segundo as Escrituras, como quando nos recolhemos e nos pomos em um estado de respeito ao abordar uma grande personagem ou um santo.

Dispensamos bem pouca reflexão ao privilégio dessa solidariedade que multiplica a alegria e o proveito de viver, que alarga o mundo e nos faz dele a morada mais nobre e mais cara, que renova para cada um a glória de ser humano, de ter a mente aberta aos mesmos horizontes que os grandes seres, de viver com elevação e de formar com nossos iguais, com nossos inspiradores, uma sociedade em Deus. "Depois dos gênios, vêm imediatamente aqueles que sabem reconhecer o valor deles", dizia Thérèse Brunswick[93] referindo-se a Beethoven.

Nomear para nós ocasionalmente os que resplandecem com um brilho especial no firmamento da inteligência significa folhear o livro de nossos títulos de nobreza, e esse orgulho detém a beleza e a

---

93. Condessa Thérèse von Brunswick (1775-1861), pedagoga, fazia parte da nobreza húngara. Filha do conde húngaro Antal Brunswick e da baronesa Anna Seeberg. Nascida em Pozsony, Reino da Hungria, fundou escolas maternais na Hungria em 1º de julho de 1828. Logo a instituição pré-escolar se tornou famosa em toda a Hungria e, em 1837, Friedrich Fröbel fundou o primeiro "jardim de infância" na Alemanha. Um dos estudos de Ludwig van Beethoven homenageou Thérèse, com a Sonata para piano número 24. (N.E.)

eficácia de um orgulho de filho em relação a um pai ilustre ou a uma augusta linhagem.

Se és um literato, não experimentas o benefício de ter atrás de ti Homero, Sófocles, Virgílio, Dante, Shakespeare, Corneille,[94] Racine, La Fontaine, Pascal? Se és filósofo, poderias te privar de Sócrates, Platão, Aristóteles, Santo Tomás de Aquino, Descartes, Leibniz, Kant, Maine de Biran, Bergson? Se cientista, sabes bem que débito tens com Arquimedes, Euclides, novamente Aristóteles, Galileu, Kepler, Lavoisier, Darwin, Claude Bernard, Pasteur? Se és um religioso, pensa no empobrecimento de todas as almas se não tivessem, depois de São Paulo, Santo Agostinho, São Bernardo, São Bonaventura, o autor de *A imitação*, Santa Catarina de Siena, Santa Teresa, Bossuet, São Francisco de Sales, Newman.

A *Comunhão dos santos* é o suporte da vida mística; o *Banquete dos sábios*, eternizado por meio de nosso culto e nossa assiduidade, é o reconforto da vida intelectual. Cultivar a capacidade da admiração e em função dela manter o contato constante dos pensadores ilustres constitui o meio não de igualar-se a quem se honra, mas de alcançar o melhor de si e igualar-se a ele, nisso consistindo, eu o digo de novo, a meta a ser considerada e a ser perseguida.

O contato dos gênios nos proporciona a título de benefício imediato uma elevação; por conta tão só de sua superioridade, eles já nos favorecem mesmo antes de nos ensinar algo. Conferem-nos o tom e nos acostumam ao ar dos cimos das montanhas. Nós nos movíamos em uma região baixa; eles nos encaminharam de imediato à atmosfera deles. Nessa região de pensamentos elevados, o semblante da verdade parece desvelar-se. A beleza exibe um brilho; o fato de seguirmos e compreendermos esses videntes nos faz pensar que somos, afinal, da mesma raça, que a alma universal reside em nós, a Alma das almas, o Espírito ao qual bastaria adaptar-se para explodir em discursos divinos, pois na fonte de toda inspiração, sempre profética, há...

---

94. Pierre Corneille (1606-1684), dramaturgo francês. (N.T.)

Deus, o primeiro autor de tudo que se escreve. (Victor Hugo)

Quando o gênio fala, nós o julgamos de bom grado inteiramente simples; ele exprime o ser humano e seu eco se faz ouvir em nós. No instante em que ele se cala, não poderíamos prosseguir na mesma modalidade e findar o período abreviado? Ai de nós, não podemos fazê-lo! Desde o momento em que ele nos deixa somos devolvidos à impotência primordial em que nos limitamos a balbuciar; sabemos, contudo, que o discurso verdadeiro existe, com o que nossas balbuciações já possuem uma entonação nova.

Escuta certos prelúdios de Bach. Eles te dizem pouca coisa: uma breve modulação que é retomada, variações insistentes detentoras de um relevo tão pouco acentuado quanto o de uma medalha de Roty.[95] Mas que nível de inspiração! Para que mundo desconhecido somos transportados! Aí permanecer e aí se mover por si mesmo livremente seria um sonho! Ao menos aí poderemos ascender de novo de memória, e que benefício concedido por essa possibilidade de ascensão que nos distancia das futilidades, nos refina e nos ajuda a julgar como convém os fogos de artifício pueris dos quais são tão frequentemente compostas as reuniões festivas intelectuais.

Quando na sequência o gênio nos fornece temas, nos concede verdades, explora em nosso favor as regiões misteriosas e, às vezes, como um Tomás de Aquino ou um Goethe, mostra-nos concentrados em uma só pessoa séculos de cultura, qual a dimensão de nosso débito? "A mente humana só é capaz de ir muito longe", Rodin escreveu, "sob a condição de o pensamento do indivíduo juntar-se paciente e silenciosamente ao pensamento das gerações." Assim, o grande pensador que pessoalmente para nós resume o pensamento de gerações nos permite ir longe com sua ajuda; nos dá o direito de ingressar nos domínios que ele conquistou e cujas terras preparou, onde semeou e as quais cultivou. Na hora da colheita, ele nos conclama.

A sociedade das inteligências é sempre estreita: a leitura a amplia; nós abrimos na página genial e lançamos um olhar implorador

---

95. Louis-Oscar Roty (1846-1911), gravador e escultor francês. (N.T.)

que não nos frustra; somos socorridos, vias são abertas para nós; somos tranquilizados; somos iniciados; o trabalho de Deus realizado nas mentes raras é creditado tanto a nosso favor quanto a favor delas; nós crescemos por intermédio delas; somos enriquecidos por meio delas; o gigante conduz o anão e o ancestral oferece uma herança. Não vamos tirar proveito desses imensos recursos? Nós podemos fazê-lo: os únicos requisitos para isso são a atenção e a fidelidade.

O gênio nos renova tudo. É o dom por excelência desse vidente apresentar a realidade ao pensamento sob uma luz desconhecida, no âmago de um sistema de relações que, por assim dizer, a recria — essa realidade que evidentemente estava lá e que não víamos.

Todo o infinito do pensamento está por trás de cada fato, mas esperamos que a perspectiva se desimpeça e nos resgate. Somente o gênio avança, afasta os véus e nos diz: "vem". A ciência consiste em ver internamente; o gênio vê internamente, frequenta o íntimo dos seres, e, graças a ele, o próprio ser dirige a palavra a nós, em lugar de nossos ecos débeis e duvidosos.

O gênio simplifica. A maioria das grandes descobertas são o produto de concentrações súbitas e fulgurantes. As grandes máximas são múltiplas experiências condensadas. O traço sublime na pintura, na música, na arquitetura, na poesia é um jorro que contém e unifica valores até então dispersos e indecisos.

Um grande homem, por refletir a humanidade comum, reduz suas conquistas ao essencial, tal como Leonardo Da Vinci sintetizava em um único momento as expressões cambiantes do modelo. A linha egípcia aplicada ao todo é o gênio, e sua fecunda simplicidade compõe nossa magnificência.

O gênio nos estimula e nos transmite confiança. A emoção provocada por ele constitui o aguilhão das iniciativas ardentes, o revelador das vocações e o remédio das formas inquietas de timidez. Uma impressão de sublimidade está presente em nossa alma como um sol nascente. A sabedoria que experimentamos nesses heróis faz de nós também seus convidados secretos, e que felicidade em dizer: ela também está em mim.

Talvez não seja verdadeiro que os grandes homens refletem apenas o século em que vivem. É verdadeiro, entretanto, que refletem a humanidade, e todo membro dessa humanidade possui uma parte da glória deles. Os pensadores maledicentes, não importa o que façam, terão uma visão errada do gênero humano, do que é prova o fato de existirem gênios, tanto quanto era errada a visão que os judeus tinham de Jesus quando diziam: "Algo de bom pode provir de Nazaré?". Sim, algo de bom pode provir deste pobre mundo, visto que um Platão proveio dele. Um grande homem não seria nada se não fosse, graças a seus recursos e graças ao emprego que deles é feito, um filho do Homem. Ora, a cepa de que ele provém não foi enfraquecida; aqueles que recebem uma seiva idêntica podem sempre esperar se desenvolver e produzir, também eles, flores imortais.

Até em seus erros os grandes indivíduos podem contribuir com o benefício que esperamos da relação que com eles entretemos. Mas temos de nos defender deles; sua força por vezes perde o rumo, seja por conta de um exagero de um ponto de vista, seja devido a um impulso diferente que os conduz para longe da retidão. Todavia, não há ninguém entre eles que, a despeito de suas aberrações, não faça uma mente informada ser tocada pelos fundamentos eternos da ciência e pelos segredos da vida.

Seus erros não são erros vulgares; são excessos. A profundidade e a acuidade da visão nesse caso não estão ausentes; se os seguirmos com precaução, com certeza iremos longe e poderemos nos preservar de seus passos em falso. "Para aqueles que amam a Deus, tudo caminha para o bem", diz o Apóstolo;[96] para aqueles que estão fixados na verdade, tudo pode ser útil. Tendo cuidado da formação de nossa mente em uma boa escola, mantendo nossas estruturas de pensamento bem ajustadas e bem consolidadas, podemos ter a expectativa do engrandecimento ao contato dos erros dos gênios. Diante desse perigo, desde que não nos exponhamos a ele sem discrição, existe ainda uma graça adicional; uma nova

---

96. São Paulo (Saulo de Tarso). (N.T.)

esfera nos é revelada; uma face do mundo nos é mostrada, talvez com demasiada exclusividade, porém poderosamente; o estímulo proporcionado a nossa mente se conservará para ela como um bem adquirido; os aprofundamentos exigidos pela própria resistência nos transmitem firmeza; contaremos com uma melhor formação, uma melhor proteção por termos incorrido nesses riscos sublimes sem sucumbirmos a eles.

Santo Tomás, no qual me inspiro aqui, conclui a partir dessas observações que temos um débito de reconhecimento mesmo com aqueles que assim nos tentaram, se naquele ensejo do contato com eles e por ação deles fizemos algum progresso. Diretamente somos devedores apenas do verdadeiro, mas indiretamente devemos aos que erram o suplemento de formação que a Providência nos proporciona graças a eles.[97]

Avalia o que a Igreja deve às heresias e a filosofia aos seus grandes conflitos. Se não houvesse existido Ário,[98] Eutichès, Nestório,[99] Pelágio,[100] Lutero,[101] o dogma católico não teria sido constituído. Se Kant não houvesse abalado os fundamentos do conhecimento humano, a criteriologia estaria ainda na infância, e se Renan[102] não tivesse escrito sobre as origens do cristianismo, o clero católico estaria bem longe da formação histórica e exegética de que está provido.

O que é verdadeiro coletivamente é verdadeiro individualmente. Deve-se aprender a pensar bem principalmente mediante o contato com os sábios, mas a própria loucura traz um ensinamento; aquele que escapa de seu contágio dela extrai uma força. "Aquele que perde o equilíbrio sem cair dá um passo maior à frente."

---

97. Santo Tomás, In: II, *Metaphys. Lect.* 1.
98. Ário (cerca de 280-336), teólogo grego (diácono de Alexandria), autor de uma doutrina que nega o caráter divino de Jesus Cristo. (N.T.)
99. Nestório (?-?451), bispo da Síria. (N.T.)
100. Pelágio (século IV), monge cuja doutrina questiona e nega a doutrina do pecado original. (N.T.)
101. Martinho Lutero (1483-1546), teólogo alemão responsável pela Reforma Protestante, dissidente da Igreja Apostólica Romana e criador da Igreja Luterana. (N.T.)
102. Ernest Renan (1823-1892), escritor francês. (N.T.)

V

Uma condição essencial para tirar proveito das leituras, das obras correntes ou dos gênios, é tender sempre a conciliar seus autores em lugar de os opor entre si. O espírito crítico tem suas aplicações; pode-se ter de desenredar opiniões e classificar os homens. Nesse caso, o método do contraste é utilizável, e tudo que exige é não ser forçado. Caso se trate, porém, de formação, de utilização pessoal ou mesmo de exposição doutrinária, é completamente diferente; o que interessa nessa situação não são as ideias, mas sim as verdades, não são as disputas das pessoas, mas suas obras e o que nelas é duradouro. Consequentemente, demorar eternamente nas diferenças é vão; a pesquisa fecunda consiste em inquirir sobre os pontos que entretêm contato.

Santo Tomás nos fornece aqui um exemplo admirável. Sempre se esforçou no sentido de aproximar as doutrinas, esclarecê-las e completá-las umas pelas outras. Aristotélico, ele se apoia em Platão; sem ser agostiniano, faz de Agostinho seu alimento constante; ele que declara ter sido Averróis[103] um *corruptor* da filosofia peripatética, nem por isso deixa de chamá-lo de um espírito sublime (*praeclarum ingenium*) e o cita incessantemente. Quando faz comentários, se há necessidade, trabalha o texto de forma instigante em prol de sua verdade mais pura ou da extração de sua maior riqueza, apontando nele o que é preciso ver, fechando os olhos generosamente para o que nele possa se revelar deplorável. Ninguém menos do que ele se assemelha a esses chefes de tipografia que leem apenas para encontrar falhas de impressão.

Aquele que deseja adquirir em sua relação com os autores não habilidades para polemizar, mas sim a verdade e a perspicácia deve incluir nessa relação essa disposição conciliatória e de coleta diligente, ou seja, a disposição da abelha. O mel é produzido com base em muitas flores. Um procedimento de exclusão, de eliminação sumária

---

103. Averróis (1126-1198), médico e filósofo árabe grandemente influenciado pela filosofia aristotélica, sobre a qual teceu amplos comentários. (N.T.)

e de escolha limitada prejudica infinitamente uma formação e revela na mente de quem se interessou por isso um defeito desfavorável no que respeita ao futuro. "Todo indivíduo que não é criador," escreve Goethe, "possui um gosto negativo, tacanho, exclusivista e consegue despojar de sua energia e de sua vida o ser criador." Uma inteligência assim constituída se encontra restringida. Em lugar de ver tudo do prisma do eterno, do universal, nós a vemos cair no espírito partidário e nos mexericos.

Mexericos, comentários maledicentes e inconsequentes não ocorrem apenas na soleira da porta, mas também na história da filosofia, das ciências, da própria teologia, e muitos os imitam. Põe-te acima disso. Tu que buscas a verdade, pronto a reconhecer sua face em todo lugar, não lances seus servidores um contra o outro, ainda que sejam esses "anjos incompletos", gênios parciais visitados pelo verdadeiro, sem que este os tenha eleito como sua morada.

No que toca, sobretudo, às mentes mais brilhantes, constitui uma espécie de profanação assumir uma atitude polêmica. É o caso de ficarmos tristes com seus erros, mas não lhes causar acabrunhamento; construamos pontes em lugar de cavarmos fossos entre suas doutrinas. Surge uma grande luz quando da descoberta das ligações que unem secretamente as ideias e os sistemas mais díspares. Devotar-se a esse trabalho de reconstituição do verdadeiro integral por meio de suas deformações é muito mais frutífero do que se dedicar a uma crítica perpétua.

No fundo, se soubermos deles nos servir, os grandes homens acabarão por nos comunicar, todos eles, as mesmas verdades essenciais. Não digo que todos as proclamam, mas todos nos colocam na perspectiva delas, a elas nos conduzem ou nos impulsionam para elas irresistivelmente. Embora pareça que eles se combatem e dividem o conhecimento, além de causar uma ruptura na mente humana, na realidade o que produzem é uma convergência. As colunas do templo lançam suas bases sobre as lajes, afastam-se, alinham-se nos vãos livres distantes; entretanto, fazem convergir os arcos um para o outro e, por meio de numerosas nervuras, acabam por formar uma só abóbada. Ver esse abrigo e nele refugiar-te é o que convém a teu chamado, tu que buscas não o ruído, o choque entre as facções, a contenção ou a excitação artificial da inteligência, mas tão só a verdade.

VI

No tocante às leituras, impõe-se uma última indicação, que é capital. O leitor, se de algum modo tiver que ser passivo com o fito de abrir sua mente à verdade e não obstar sua ascendência sobre ele, ainda assim é convidado a reagir relativamente ao que lê, disso se apropriar e com isso concorrer para a formação de sua alma. O único propósito de nossa leitura é o pensar; adquirimos riqueza para utilizá-la, nos alimentamos para viver.

Condenamos o leitor devorador de livros que alcança pouco a pouco um débito mecânico, um automatismo intelectual que deixa de ser um trabalho autêntico. Mas não há necessidade de ser um leitor assíduo para incorrer nessa passividade. Muita gente lê como se faz tricô. Entregue a uma espécie de indolência, a mente dessas pessoas assiste a um desfile de ideias e permanece inerte.

> Como um pastor sonolento contempla a água do regato fluir. (Alfred de Musset)

O trabalho, contudo, é vida; esta, uma assimilação; a assimilação, uma reação do organismo vivo à nutrição. Não basta colher na estação certa, amarrar o feixe de trigo e, no fim, assar o pão: é necessário que o corpo seja nutrido e assimile o pão para se revigorar, pois é exclusivamente para isso que serve o trigo esplêndido.

É possível que aquele que aprende sempre jamais se instrua se não mudar em sua própria substância o que aprendeu nos contatos feitos com docilidade. A docilidade é virtuosa e necessária, mas não é suficiente. "A obediência está na base do aperfeiçoamento", diz Auguste Comte, mas ela não é o aperfeiçoamento. O gênio que nos instrui poderia dizer, como o seu Inspirador: "Eu vim para que eles tenham a vida e para que a tenham mais abundante"

(João 10,10). O que nos outros era vida não será em nós como uma lâmpada apagada?

Ninguém é capaz de nos instruir sem nosso concurso. O que a leitura nos propõe é o verdadeiro: cabe-nos torná-lo nosso. Não é a vendedora do mercado que nutre meu corpo. O que absorvo deve se tornar eu: somente eu posso realizar isso. "Pela doutrina", escrevia Boécio,[104] "a mente humana é somente incitada ao saber."[105] Santo Agostinho dissera antes dele: "No que toca ao ensinamento, um homem se assemelha ao agricultor na sua relação com a árvore".[106]

Santo Tomás, aprofundando-se mais nesse tema, observa que a palavra falada ou escrita nem sequer atinge a mente; sua função, na totalidade, é fornecer uma matéria à alma por meio dos sons e dos signos. O som repercute; a luz vibra; nossos sentidos percebem e comunicam o sinal e, mediante um movimento inverso, esse sinal, que nasce da ideia, tem por missão suscitar uma ideia semelhante. Mas em tudo isso as mentes não se conectam; os sinais de uma entram em contato com a outra apenas indiretamente, e o que produz o conhecimento não é o sistema de signos que nos é apresentado, mas sim o trabalho de nossa própria razão realizado sobre os signos.

No fundo, as proposições da ciência que nos apresentam permanecem tão externas à inteligência quanto as próprias coisas que são objeto do conhecimento; sua única vantagem é corresponderem, enquanto signos, a ideias já elaboradas e ordenadas. Isso nos facilita o exercício de pensar, mas não substitui o pensamento. O ensinamento apenas nos fornece meios para a ação mental, como a medicina fornece aos nossos corpos meios de cura; entretanto, do mesmo modo que nenhuma medicina atua em um organismo inerte, nenhum ensinamento consegue êxito contando com uma mente negligente.

Na realidade, a natureza produz a cura de si mesma, e a mente só é iluminada por sua própria luz, a menos que se diga: pela luz de Deus nele infundida segundo as palavras do salmo: "A luz de Tua face

---

104. Anício Mânlio Severino Boécio (ca. 475-ca. 525), político e filósofo romano. (N.T.)
105. Boécio. *De Consolatione Philosophica*. V. Prosa 5.
106. Santo Agostinho. Opúsculo *De Magistro*.

está impressa em nós, Senhor!" (Salmos 4,7). Assim Deus, afinal, é o nosso único Mestre, Aquele que nos fala interiormente, e é Dele, conosco, que nos provém toda instrução; do ser humano para o ser humano o pensamento é, a rigor, incomunicável.[107]

Essa análise penetrante tem consequências práticas. Se a ideia não chega a nós, se é em nós que ela necessariamente deve nascer, esforcemo-nos para que a matéria intelectual proporcionada pelo livro, para que esses sinais de um interlocutor mudo nos elevem verdadeiramente ao pensamento expresso e mesmo além dele, pois uma evocação, em uma mente ativa, deveria sempre suscitar uma outra.

Só temos acesso à intimidade dos gênios participando da inspiração deles; escutá-los de fora significa nos condenar a não ouvi-los. Não é nem com os olhos nem com os ouvidos que se *ouve* um discurso grandioso; é com uma alma ao nível daquilo que lhe é revelado, com uma inteligência iluminada por uma mesma luz.

A fonte do saber não está nos livros, mas na realidade e no pensamento. Os livros são marcos indicadores; a estrada é mais antiga e ninguém realiza por nós a jornada rumo à verdade. O que diz um escritor não é o que nos importa em primeiro lugar; trata-se, sim, daquilo que *é*, e nossa mente não se propõe a repetir, mas a *compreender*, isto é, tomar para si, isto é, absorver de maneira vital e finalmente pensar por si mesma. Uma vez ouvidas as palavras, impõe-se, depois do autor, e graças a ele talvez, mas no fim independentemente dele, obrigar a alma a exprimir de novo essas palavras. É preciso recriar para o nosso uso toda a ciência.

O principal benefício da leitura, ao menos daquela das grandes obras, não é, ademais, a aquisição de verdades esparsas, mas sim o aumento de nossa sabedoria. Amiel, comparando a mente francesa com a alemã, dizia: "Os alemães empilham os feixes de lenha da fogueira; os franceses providenciam as centelhas." Trata-se de um juízo talvez um tanto absoluto, mas o que prevalece certamente são as centelhas. O desabrochar da sabedoria era a primeira meta de nossa

---

107. Santo Tomás. *De Magistro*, nas *Quaestiones disputatae de Veritate*, q. XI, art. I, acompanhado dos argumentos e das respostas.

educação; é aquela da educação que nós nos proporcionamos a nós mesmos. Na ausência dela, aquilo que é em nós introduzido não teria valor algum, seria o decalque de um livro, um outro livro tão inútil quanto o primeiro quando estava na biblioteca. Há também no nosso interior volumes e textos importantes que não lemos.

Quão abusivo avizinhar-se dos gênios e deles extrair tão só fórmulas! E como tal coisa se revelará quando quisermos, ao escrevermos nós mesmos, utilizar tais fórmulas! Não se tardará a julgar esse psitacismo[108] e constatar que diante de nós não temos ninguém, ou seja, nenhum escritor.

Fazer uso verdadeiramente é inventar. Até quando citamos literalmente, se a passagem citada está inserida em um discurso no qual ela assume seu lugar exato, se o discurso está no mesmo nível, se pertence à mesma lava e assimila o que tomou emprestado em sua unidade viva, há nisso certa originalidade que, de algum modo, por assim dizer, se iguala à do mestre. Ao render glória a outrem, recebe-se uma igual. A citação é para ti como as palavras a ti fornecidas pelo dicionário e que, entretanto, tu crias, como a alma cria seu corpo.

Assim, Santo Tomás, Bossuet e Pascal fazem citações. E nós, cuja pretensão se restringe a tarefas inteiramente humildes, devemos nisso aplicar as mesmas leis da mente. A verdade é a ancestral de todos os seres humanos; a sabedoria conclama a todos; não é necessário deixar aos mais brilhantes o monopólio das utilizações superiores. Perante os gênios, não passamos de crianças, mas crianças que são herdeiras. Aquilo que nos dão pertence a nós ao pertencer à eternidade; eles próprios o receberam. O que estava antes deles e que está acima deles, o que Deus prepara para todos, é o que é preciso contemplar enquanto eles dirigem a palavra a nós.

Esse é o preço da originalidade, e, se algum dia nossa sabedoria aumentar, contaremos em executar bem a obra original no

---

108. Prática que consiste em repetir mecanicamente, sem compreender, o que outros dizem. A alusão é ao papagaio, principal representante da ordem de aves dos psitacídeos. (N.T.)

sentido positivo do termo. No que diz respeito a uma produção verdadeiramente pessoal, o único serviço que a leitura pode nos prestar é nos estimular, nutrir nosso próprio ser, não as páginas que viermos a escrever. Existe aí um sentido novo daquilo que eu dizia: encontrar nos livros o que não está neles, entradas para penetrar em novos domínios.

Se é certo que só por si mesmo se conquistam os conhecimentos comuns, com maior razão só se consegue contribuir com o próprio quinhão de pensamento novo mediante o próprio esforço. Quando leio, meu desejo é encontrar no livro um ponto de partida favorável, mas abandoná-lo o mais cedo possível, libertar-me de um sentimento de que contraí uma dívida. Tenho o direito de ser eu. Do que serve repetir outra pessoa? Por pouco que eu seja, estou ciente de que Deus não cria sem uma finalidade nenhuma de suas criaturas espirituais e muito menos ainda nenhuma das coisas da natureza. Ao me libertar, obedeço ao meu Mestre.

Eu vivo, não sou um reflexo, e aspiro a uma vida fecunda. Aquilo que não gera *não é*: que minha leitura me transmita a capacidade de gerar pensamento, à semelhança não daquele que me inspira, mas de mim mesmo.

Eis aí, segundo o que penso, a última palavra em torno da questão dos livros. Um livro é um indicador, um estimulante, um auxiliador, um iniciador. Não é um substituto nem algo que acorrenta. Imperioso que o pensamento sejamos nós. Ao ler, não é necessário nos dirigirmos aos nossos mestres, o que é necessário é partir deles. Uma obra é um berço, não um túmulo. Fisicamente, nascemos jovens e morremos velhos; intelectualmente, em razão da herança secular, "nascemos velhos: é preciso esforçar-se para morrer jovem".[109]

Os verdadeiros gênios não desejaram nos prender, mas nos libertar. Se quisessem que fôssemos seus escravos, seria necessário nos defender deles, nos proteger de tal invasão que aniquila tanto

---

109. Pensamento familiar ao Abade de Tourville, que o aplicava à ciência social.

mais eficientemente quanto menos podemos lutar com idênticos recursos. Saibamos emancipar nossa alma. Quanto mais o pensamento proceder de nossa intimidade, de nossa incomunicabilidade, mais ele refletirá o ser humano e mais os outros indivíduos humanos nele se reconhecerão. O temor que temos do julgamento alheio leva ao afastamento da humanidade, ao passo que a espontaneidade nos aproxima dela. As repetições ostensivas ou disfarçadas tornam-se rapidamente cansativas. "Quando só falamos sobre aquilo que lemos," diz Schopenhauer, "ninguém nos lerá."

Trabalhemos, finalmente, entre a verdade e nós, entre Deus e nós. Nosso modelo está no pensamento criativo. Os gênios não passam de uma sombra. Ser a sombra de uma sombra é uma degradação para aquele que, pequeno ou grande, é neste mundo um fato espiritual incomparável, inédito e único.

O ser humano é múltiplo e somos, cada indivíduo, um de seus exemplos; Deus está em todos: saibamos honrar em nós o ser humano e respeitar Deus que está nele presente.

B. A organização da memória

> I. — O que se deve reter. — II. Reter em que ordem. — III. Como fazer para reter.

I

De nada serviria adquirir conhecimento pela leitura e a reflexão seria impossível se a memória não assegurasse a retenção do conhecimento e não nos apresentasse oportunamente o que seria útil para nossa obra e para o trabalho mental.

Diversos gênios fruíram de uma memória prodigiosa; outros foram carentes dela; a maioria deles tinha uma memória mediana e precisaram compensar isso de variadas maneiras. Não há como classificar os mestres tomando esse dom por critério; não há dúvida, porém, de que, a considerar os demais fatores iguais, uma memória altamente receptiva e tenaz constitui um recurso precioso.

Mas não é o caso de concluir ser necessário exercitar a memória sem discernimento e nos sobrecarregarmos com o maior número possível de conceitos, fatos, imagens, textos. Poderia parecer que Santo Tomás o diz ao escrever nos *dezesseis preceitos*: "Tudo que puderes guarda no tesouro de tua mente, como aquele que pretende encher um vaso". Mas deve-se conceder a essa breve máxima o benefício de um subentendido. Deve-se reter tudo que se possa contanto que seja útil, como com idêntica reserva lê-se tudo que se pode ler.

Alertamos o intelectual contra o abuso das leituras. O que objetamos no que diz respeito a isso aplica-se aqui em larga medida, visto que se lembrar é conservar aquisições das quais não se pode separar o que é vantajoso do que é prejudicial.

Todos os mestres afirmam que sobrecarregar a memória é prejudicial ao pensamento pessoal e à atenção. A mente se afoga em meio à massa de seus materiais; o que permanece sem emprego a obstrui e a paralisa; o peso morto oprime o vivo, o alimento excessivo envenena; disso nos oferecem a prova tantos pretensos eruditos dotados de mentes enganosas e inertes, tantas "bibliotecas vivas", tantos "dicionários ambulantes".

Não se vive da própria memória: servimo-nos da própria memória para viver. Imprime no intelecto o que é capaz de auxiliar-te a conceber ou a executar, integrar-se a tua alma, responder a teu propósito, vivificar tua inspiração e sustentar tua obra. Quanto ao restante, entrega-o ao esquecimento. E, se acontecer de, ocasionalmente, muitas coisas que não pareciam úteis se revelarem como tais, embora não o sejam de ordinário, isto não é razão para dizer: "Vamos retê-las no caso de algum possível evento". Se necessário, tu irás em busca delas; não haverá dificuldade para o papel conduzi-las a ti. Sob o pretexto de que se pode pegar qualquer trem, não é o caso de reter na memória o guia do sistema ferroviário.

Pascal dizia que pensava jamais ter esquecido uma coisa que havia *querido* reter: eis aí a memória útil desde que se queira reter somente o que tem serventia. Quando Santo Agostinho define a felicidade como "nada desejar senão o bem e ter tudo que se deseja", ele define ao mesmo tempo a memória feliz. Confia a tua ao que é bom, e ora a Deus que te conceda, se Lhe compraz, a graça de Pascal, a de Santo Tomás "em quem nada se perde" ou a de Mozart, que reproduzia por inteiro já na primeira audição uma missa solene. Repito, porém, que tal graça não é necessária; pode-se substituí-la sem causar nenhum dano grave; e de que serve estimar seu valor, tendo que administrar o que nos foi dado e não o que nos falta?

Uma regra capital consiste em ingressar a memória na corrente geral da vida intelectual, fazê-la participar da vocação. A memória deve se especializar como a mente, em idêntica medida, com a mesma concentração no tocante ao principal e com as mesmas ampliações no que respeita ao que é secundário.

Há coisas que todos devem saber, que todo cristão, em particular, deve ter presente e em vista; há outras que se conectam à especialidade por meio de laços mais ou menos estreitos, e que cada pessoa sentirá a necessidade de possuir conforme o espírito de amplitude ou de estreiteza que trouxer a elas; há, enfim, aquelas que constituem a própria especialidade e sem as quais estamos em posição inferior relativamente à tarefa, e pelo que somos com justiça taxados de detentores de ignorância e de inércia culposa.

O que cada um deve se empenhar em conservar com máxima clareza em sua cabeça e disponível à primeira requisição é o que constitui o fundamento do trabalho, algo de que estão cientes, por esse motivo, todos os espíritos eminentes de sua profissão. Nesse domínio, não é possível nenhuma negligência, e também a demora deve ser a mínima possível. Quanto ao restante, adquiriremos de modo gradativo à medida do que for exigido por uma tarefa em particular, sem exagerar no sentido de buscar fixá-la invariavelmente.

Nos dois casos percebe-se que o registro parte de uma ideia preconcebida, tal como ocorre com a leitura, com a única diferença de que um trabalho particular é uma vocação do momento, ao passo que a vocação propriamente dita é um trabalho duradouro, e a memória se ajusta a ambos os casos.

Nicole sugere ao cristão "decorar diversos salmos e diversas sentenças das Escrituras Sagradas como propósito de santificar a memória por meio dessas palavras divinas".[110] É uma maneira de consagrar nossa vocação comum celeste e facilitar o esforço dirigido ao bem. São pouquíssimas as pessoas que hoje compreendem tais conselhos. Aquele que declama as tiradas de Virgílio, de Racine, de Musset é a mesma pessoa que teria grandes dificuldades para recitar um salmo, que ignora seu *Angelus*, sua *Salve Rainha*, seu *Te Deum*, seu *Magnificat*. Estamos nesse caso evidentemente mergulhados em uma desordem. O que se prende a nossa mente mediante vínculos mnemônicos tem nela maior atuação; um católico deve aspirar a essa ação maximamente no que diz respeito ao que anima sua fé. Para ele, seria tão bom poder ocasionalmente, no curso de um dia ou em uma oportunidade que o comporte, voltar a exprimir para si mesmo fórmulas repletas de seiva cristã!

II

Uma vez regulado o aspecto quantitativo do conteúdo, é imperioso pensar na ordem. Uma memória não deve ser um caos. A ciência é um conhecimento por meio das causas; o único valor de qualquer experiência está em suas conexões, suas associações e suas hierarquias de valor. Amontoar lembranças resulta em tornar tudo inútil e se condenar a somente rememorar tais lembranças fortuitamente.

Tudo indica que uma memória intelectual deveria ter as características da intelectualidade; ora, esta não se satisfaz com noções díspares destituídas de afinidades precisas. Busca sempre o que vincula isto àquilo, o que condiciona isto e aquilo, e que essa coordenação,

---

110. Op. cit., p. 261.

não de fragmentos esparsos, seja a que se estabeleça em toda memória. Uma mente bem organizada é como uma árvore genealógica, na qual todos os galhos se ligam ao tronco e se comunicam entre si com base nele; os parentescos em todos os seus graus aí se revelam claramente, exprimindo uma linhagem em todas as suas relações e em seu conjunto.

E isso quer dizer que é necessário relacionar tudo ao essencial tanto na memória quanto no próprio pensamento. Trata-se do primordial, do fundamental, do simples de onde o complexo emerge por degraus e mediante *diferenças* sucessivas: é o que dá sustentação à memória como à ciência e a torna eficaz no instante em que deve intervir.

De nada serve ter adquirido miríades de noções se as primeiras noções, em lugar de se enriquecerem graças às dependências que a memória nelas manifesta, se obstinam, se chocam com elas como se fossem um obstáculo, e assistem assim ao agravamento de sua ruinosa solidão. Cinquenta informações não têm mais valor do que uma caso se limitem a exprimir a mesma relação profunda; reduzidas a migalhas e dispersas, não são férteis e, semelhantes à figueira do Evangelho, é em vão que ocupam a terra.

Cuide, antes de tudo o mais — como dissemos, busca acima de tudo as ideias mestras—, que estas estejam presentes no momento da primeira chamada, prontas para esclarecer tudo o que se oferece a ti, prontas para manter em sua posição, a despeito das novas contribuições, as ideias antigas, a se desenvolverem elas próprias por ocasião de cada avanço, como o cérebro tira proveito daquilo que recebe o estômago, e o coração, do exercício efetuado pelos membros.

Um pensamento novo atua retrospectivamente; uma tocha ilumina também a retaguarda. Quando os submetemos a uma ideia, os materiais abandonados se transfiguram. Então, tudo em nós se recria e é animado de uma vida nova. Mas, para isso, é necessário que as sendas iluminadas sejam abertas, que nossos pensamentos estejam ordenados e possam se comunicar reciprocamente entre aqueles que são próximos.

* * *

Tendo regulado a própria ordem interior, seremos defendidos quase que automaticamente da sobrecarga, e constataremos que dois preceitos aparentemente distintos são, por assim dizer, apenas um. O inútil, que encontra lugar no caos, não o encontra em uma organização. Trata-se de se fazer útil ou que se desocupe o lugar! Há algo de ridículo no esforço despendido por alguém ou por alguma coisa visando a invadir um dispositivo em que não está previsto, não promove o completamento e ao qual não presta nenhum auxílio. Toda hierarquia supervisiona a si mesma.

Assim aliviada e bem organizada, uma mente estará capacitada a ocupar-se de suas obras com toda a energia; irá diretamente ao que importa e não demorará nas bagatelas, que para uma outra pessoa, é verdade, podem se tornar o principal.

Quando Pasteur veio para o Sul para atacar e vencer em pouco tempo o mal que ameaçava a sericicultura francesa, desconhecia o comportamento do bicho-da-seda; buscou informações bastante casualmente junto ao grande entomologista Henri Fabre. Este primeiro espantou-se com a aparente falta de seriedade do "parisiense", mas logo, vendo que Pasteur fazia uma investigação mais profunda e trabalhava nas próprias fontes da vida, compreendeu e mais tarde louvou essa simplicidade do gênio.

Em cada matéria há algumas ideias que regem o todo, que constituem chaves universais; há aquelas também que governam a vida, e é diante dessas que é preciso acender, no interior de nossos corações, a lâmpada do santuário.

A faculdade criativa depende em grande parte da sabedoria e da sobriedade da memória. O apego ao essencial mantém abertas externamente todas as perspectivas, e a lógica da aquisição tende a se estender nas novas contribuições. Os pensamentos servem de ponto de partida para os pensamentos; a água corre para o rio; só se empresta para os ricos; *dar-se-á a quem tem e este terá em abundância*, declara o Evangelho. Cada verdade constitui a aurora de uma outra; toda possibilidade busca sua realização, e, quando a ordem interior se oferece à experiência, é como se fosse uma raiz que mergulha na terra: sua substância opera, sua cabeleira desabrocha e toma conta dos sucos; a vida se desenvolve porque a adaptação daquilo que é vivo a seu meio é a única condição de sua fecundidade, como no início, de sua substância.

O meio da ciência é o *cosmos*, o qual, em primeiro lugar, é organização e estrutura: é necessário e basta para o progresso do estudioso que ele estabeleça em si mesmo, graças à memória, uma estrutura correspondente que lhe permita sua adaptação e, mediante isso, sua ação.

III

Resta dizer como se obtém uma memória com essa qualificação e como utilizá-la. Não se trata de um grande segredo, ainda que tenha a ver com as mais profundas condições de nossa vida mental.

Santo Tomás propõe quatro regras: 1) Ordenar o que se deseja reter; 2) Aplicar a mente profundamente nisso; 3) Submetê-la a uma frequente meditação; 4) Quando se quiser relembrar isso, tomar a cadeia das dependências por um de seus extremos, que impulsionará todo o resto.[111] Ele acresce, em caráter acessório, segundo Cícero, que convém ligar a memória das coisas intelectuais à das coisas sensíveis, posto que estas últimas, diz ele, constituem o objeto próprio do intelecto e pertencem à memória por si mesmas, enquanto as primeiras a ela pertencem indiretamente, de maneira acidental.[112]

A importância da ordem já foi evocada de um outro ponto de vista, mas para fixar a lembrança cada um pode fazer a experiência de sua funcionalidade. É muito difícil instalar em nós uma sucessão de palavras, de números, de ideias ou de elementos desvinculados; esses isolados não conseguem se estabelecer em convivência; cada um aí se encontra como que perdido e prontamente some. Ao contrário, uma

---

111. *De Memoria et Reminiscentia*, lect. 5.
112. Ibidem, lect. 2.

série forma um corpo e se protege. Aquilo que se apoia em seu próprio fundamento racional e na associação natural, aquilo que imerge em seu meio corre menor risco de dispersão. Somente o que existe se conserva, e um elemento dissociado de seus elementos conexos só existe pela metade.

Se queres reter, estejas atento às ligações e aos fundamentos racionais das coisas; analisa, procura os porquês, observa a genealogia dos acontecimentos, as sucessões e as dependências, imita a ordem matemática, na qual a necessidade parte do axioma e atinge as conclusões mais remotas. Compreender a fundo algo, na sequência aprender e introduzir na própria mente não elos e mais elos, mas uma corrente, significa assegurar a aderência do todo. A união faz a força.

A aplicação da mente, recomendada na sequência, objetiva o apoio no buril misterioso que traça em nós a figura das palavras e das coisas. Quanto mais a atenção é ardente, mais o buril sulca e melhor será a resistência dos traços ao fluxo permanente que tende a substituir as ideias, como a morte substitui os seres. Quando lês ou quando escutas em vista de aprender, estejas totalmente concentrado e totalmente presente; repete como se em voz alta o que te é dito; golpeia as sílabas das palavras. Eu o digo em sentido figurado, mas às vezes aplicá-lo ao pé da letra apresenta vantagens. Estejas no estado, uma vez lido ou escutado o que está em pauta, de dizê-lo novamente na precisa medida na qual te dispões a fixá-lo. Caso se trate de um livro, não o deixes de lado sem te capacitar a resumi-lo, apreciá-lo. Acrescento esta última palavra porque o objeto que suscitou, de nossa parte, uma intervenção ativa é muito menos fugaz; ele diz respeito à pessoa.

Depois disso, meditar com tanta frequência quanto se possa e quanto merece o objeto que se quer preservar do esquecimento constitui uma necessidade que se sucede à primeira. A vida apaga os traços da vida, e por essa razão fomos aconselhados a burilar fortemente: o mesmo motivo nos convida, ao constatarmos que os traços, todavia, perdem precisão, a repassar o buril nas incisões, aplicar generosamente a água-forte, isto é, revivificar constantemente nossos pensamentos úteis e ruminar os fatos que desejamos manter sob os olhos.

A agitação da mente é contrária a esse trabalho, de modo que a vida serena e o distanciamento das paixões são requisitos para o bom uso da memória, como para todas as funções intelectuais.

A capacidade de admirar, a juventude da alma ante a natureza e a vida também contribuem para a lembrança. Reterás melhor aquilo que te impressionou. Por essa razão, a se somar a tantas outras, o intelectual deve cultivar esse sentimento do completamente novo, do sempre novo, que é o ponto de partida dos impulsos vigorosos na direção das criações fecundas ou naquela da pesquisa.

Enfim, caso se trate de reencontrar a lembrança e ativar novamente as imagens antigas, somos aconselhados a nos apoiar mais uma vez no fato das dependências mútuas entre os pensamentos, entre as impressões, o qual serviu de base para a constituição da memória. Tudo se encadeia mais ou menos no cérebro, mesmo sem que o queiramos: se o tivermos querido com todas as forças e formado habilmente os vínculos mais naturais possíveis entre as noções, recolheremos o benefício disso.

Portanto, a nossa busca não deve ser feita fortuitamente no âmbito de um todo que não é fortuitamente estabelecido; a recomendação é proceder logicamente, servindo-se da lógica das coisas tal como ela se impõe por si mesma, ou tal como a consideramos inicialmente, remontando ou descendo novamente às séries instituídas, invocando a contiguidade das ideias, das circunstâncias, em resumo submetendo impositivamente ao feixe da atenção aquilo que a atenção fixara e armazenara de acordo com suas leis.

É o que Santo Tomás chama de puxar a corrente, e a extremidade da corrente que ele aconselha pegarmos é a que se apresenta como a mais imediatamente em dependência daquilo que buscamos. Exemplo: lembro-me de haver pensado em um plano de estudo; esse plano me escapa, mas sei que me encontrava então em certo lugar, ou que conversava com certo amigo, ou que aquilo se ligava a certo conjunto de operações mentais, a certo aspecto de minha vocação, ou ainda que o projeto fora inspirado em uma leitura anterior, ou era exigido por trabalhos precedentes. A fim de apreender novamente a ideia desaparecida, despertarei a impressão do lugar onde ocorreu o encontro do amigo, do conjunto ideológico, da função a cumprir, do livro analisado ou do trabalho executado. Partindo daí, explorarei a vizinhança e, recorrendo a diversas tentativas, procurarei reencontrar o que sei estar associado a este ou aquele dado.

Em síntese, o que importa à memória é menos a quantidade de suas aquisições do que primeiro a qualidade delas, na sequência a sua ordem e, afinal, a habilidade de seu emprego. Poucos materiais faltam ao pensamento — são os materiais que carecem de pensamento. Aprender nada significa sem a assimilação inteligente, a penetração, o encadeamento, a unidade progressiva de uma alma fecunda e disciplinada.

Não é o canteiro de obras o interessante, mas sim a arquitetura, e acima de tudo a mente daquele que irá morar nas habitações construídas. Mantém a inspiração em alta, a atenção ardente, a emoção diante do verdadeiro, o zelo na investigação, com o que terás suficientes lembranças.

C. As anotações

I. — Como anotar. — II. Como classificar as próprias notas. — III. Como utilizar as próprias notas.

I

Somos constrangidos a nos repetir frequentemente. Se o fazemos maximamente ao abordarmos leituras, a memória e anotações, é porque esses três objetos formam, por assim dizer, apenas um. Trata-se em tudo isso de nos completarmos objetivando nos capacitar, no devido tempo, a realizar nossa obra.

É preciso ler relativamente pouco; é preciso reter ainda muito menos, e a natureza, de resto, se encarrega disso. As anotações, as quais são uma espécie de memória exterior a nós, uma "memória de papel", como dizia Montaigne, devem ser em número mínimo relativamente às leituras; entretanto, podem se ampliar mais do que a memória, supri-la e, consequentemente, aliviá-la e contribuir para o trabalho em uma medida dificilmente determinável.

Se fosse necessário fiar-se à memória para manter incólume e pronto para ser útil aquilo que reencontramos ou descobrimos no curso de nossa vida de estudos, isso seria péssimo. A memória não é confiável; ela perde os elementos, os enterra e pouco atende aos apelos. Recusamo-nos a impor-lhe fardos, congestionar a mente; preferimos a liberdade da alma a uma fortuna de ideias indigeríveis. A solução é o caderno de anotações ou o fichário.

Ademais, a memória classifica à sua maneira e nós tentamos ajudá-la nisso, mas as classificações dela são caprichosas e instáveis. Para encontrar no momento que se quer a lembrança que se quer, seria necessário um autocontrole que nenhum mortal tem. Também nesse caso nos auxiliarão os cadernos de anotações e os arquivos. É imperioso organizar nossas reservas, depositar nossas economias no banco, onde, é verdade, não renderão nenhum juro, mas estarão ao menos em um lugar seguro e disponíveis. Somos nós que seremos os caixas.

As práticas são aqui muito diversas, mas há algumas leis gerais que será conveniente lembrar, para que cada um nelas se inspire.

Pode-se distinguir dois tipos de anotações, os quais correspondem ao preparo remoto do trabalho ou a seu preparo imediato. A fim de plasmar e alimentar a mente, lês e meditas; surgem ideias que a ti parecem boas para serem retidas; são disponibilizados fatos, indicações diversas que poderão servir novamente: faz anotação deles. Por outro lado, no caso de estudar um assunto específico, produzir uma obra, procuras munir-te de documentação, lês o que foi publicado sobre a matéria, recorres a todas as fontes de informação das quais podes dispor e procedes a tuas próprias reflexões, tudo isso com a caneta na mão.

A primeira categoria de anotações se caracteriza por ser um pouco fortuita; exclusivamente os perfis da especialidade e a seleção sábia de tuas leituras são capazes de reduzir a dose de acaso dessas anotações. Como a vida é sempre complexa, o intelecto, fugaz, e nós mesmos pleiteamos a ampliação dos temas, muito de aleatório é introduzido nas anotações dessa espécie. Pelo contrário, quando anotas tendo em vista produzir, a produção tendo um caráter definido, também as notas se definem, circunscrevem o objeto de estudo em pauta e formam um todo mais ou menos orgânico.

Para esses dois grupos de anotações há tanto regras comuns quanto regras particulares.

Em ambos os casos, é preciso evitar o excesso, o congestionamento dos materiais nos quais nos vemos logo em seguida afogados e que se tornam inutilizáveis. Certas pessoas têm blocos de anotações tão cheios e blocos tão numerosos que uma espécie de desencorajamento antecipado as impede de algum dia abri-los. Esses pretensos tesouros custaram muito tempo e muitas dificuldades e seu rendimento é nulo; uma plêiade de coisas destituídas de valor os obstruem; as que têm utilidade poderiam com frequência ter permanecido vantajosamente nos volumes de onde foram extraídas, uma referência acompanhada de um breve resumo em lugar de páginas cansativas.

Faz anotações após reflexão e com moderação. Para evitar as surpresas do primeiro momento, o efeito de preocupações passageiras e, inclusive, as paixões geradas às vezes por um discurso brilhante, não registra a nota de imediato, em caráter definitivo, mas aguarda algum tempo antes de fazê-lo. Com calma, já detendo alguma perspectiva, tu irás avaliar tuas colheitas e armazenarás apenas o bom cereal.

Nos dois casos igualmente cumpre anotar após um enérgico trabalho mental e imbuído de um sentimento pessoal. Trata-se de completar-se, de equipar-se pessoalmente, de se armar de uma panóplia verdadeiramente proporcional à própria estatura, conforme as necessidades da batalha que se pretende travar. Ser algo belo e bom, ser teoricamente preciso não constitui razão para registrá-lo. Graças a Deus há muitas coisas belas nos livros, mas por isso vais copiar a Biblioteca Nacional inteira? Não compras um fraque por ser belo, mas porque ele atende a uma necessidade tua, e um móvel que merece admiração no antiquário deve nele permanecer se nem seu tamanho nem suas características se ajustam ao apartamento ao qual seria destinado.

Em tudo evita o capricho. Como a leitura é uma nutrição, a memória, uma posse enriquecedora que faz parte da pessoa, as anotações são também uma reserva alimentar e pessoal. Leituras, lembranças, notas, tudo isso deve nos completar e, portanto, assemelhar-se a nós, ser de nossa espécie, desempenhar conosco nosso papel, nossa vocação, corresponder a nossas metas e à forma dos gestos pelos quais podemos e desejamos realizá-las.

Sabe-se quanto um livro de registro de contas informa acerca de seu dono, sobre seu modo de viver e sobre os objetivos que ele persegue: o registro de notas, o fichário deveriam também ser mantidos junto ao intelectual, do que ele deve ser e que pretende ser; neles se acha a indicação de seus *créditos*, ao menos em parte, e essa indicação deve corresponder em parte ao possuidor e em seguida à despesa presumida. Nas minhas obras há um reflexo de mim: deve haver um reflexo de mim em meus meios, caso os tenha adaptado bem uns aos outros como a mim mesmo.

Ainda melhor, seria desejável que, fora os documentos propriamente ditos, fatos, textos ou estatísticas, as anotações feitas não só fossem adaptadas a ti, mas tuas, e isso não somente quando são egressas de tuas reflexões, mas também quando se originam de uma leitura. Também a leitura deve ser refletida, e dizíamos que algo que se toma emprestado pode se tornar nosso a ponto de não diferir mais de uma criação.

Eu leio e, ao ler, escrevo. Mas escrevo o que penso no contato com o outro, isto mais do que escrevo o pensamento do outro, e meu ideal é que seja verdadeiro mesmo que eu o transcreva textualmente, não esperando exprimir melhor o pensamento comum. O escritor é aquele que concebe, e eu também concebo aquilo que assimilo com profundidade, o que me esforço por penetrar, por *compreender* no sentido pleno da palavra, o que torno meu: sou, consequentemente, também o escritor e o coloco à parte como uma riqueza própria.

* * *

No que respeita às notas tomadas remotamente, não há mais nada de essencial a ser considerado. De perto, tendo em vista certo trabalho, trata-se de primeiro enfatizar a aplicação de nossas regras, a estas acrescentando isso.

Solicitamos que a forma de anotação fosse pessoal, isto é, em uma exata relação com o escritor. Igualmente, é necessário que seja em uma relação rigorosa com a obra a ser realizada. Tens diante de ti um objeto preciso: pensa nele intensamente; que tua mente trace um plano provisório segundo o qual dirigirás tuas leituras e tuas reflexões, segundo o qual também anotarás isso ou aquilo, preenchendo a subdivisões. Claude Bernard declarava que uma observação científica é uma resposta a uma pergunta que a mente formula a ela mesma e que, na realidade, só se encontra aquilo que se procura. Do mesmo modo, uma leitura inteligente constitui uma resposta possível à questão formulada em nós pelo objeto de estudo a ser tratado; assim, é imperioso ler imbuído de um sentimento de expectativa, como à saída de uma estação ferroviária acompanhamos com os olhos o fluxo de viajantes no qual se encontra um amigo.

Que a leitura seja, consequentemente, cada vez mais fiel a certa tendência; que diga respeito não mais somente à vocação e à pessoa, mas também a sua aplicação efetiva. Tal leitura é a adesão a um partido; ora, a adesão a um partido é como um crivo que retém o grão que se deseja e deixa passar os demais. Não te distraias, não demores; tem apenas presente o teu objetivo, sem qualquer consideração por aquele do autor, que talvez seja totalmente diferente. Ouso dizer, apesar do que essa expressão tem de desagradável e contraindicado em quase todos os casos: usa antolhos para te concentrares melhor no que, nesse momento, te quer por inteiro.

Nesse caso dispomos de dois procedimentos um pouco diferentes, e que talvez será oportuno empregar alternativamente, conforme a natureza da obra.

Podes estabelecer um plano detalhado, deixando só para depois a documentação. Podes começar pela documentação, pelas reflexões e leituras que supõem evidentemente algumas diretrizes, mas sem um plano propriamente dito. Tu te voltarás então para o assunto, considerá-lo-ás sob todos os seus aspectos, e submetê-lo-ás a sondagens em uma tentativa de nada deixar inexplorado; noções relativas ao plano surgirão e farás anotações delas, como Pascal ao escrever no alto de um fragmento: *Ordem*; deixarás de lado os documentos a serem utilizados por si mesmos; fixarás as ideias que exigirão desenvolvimento, das quais marcarás somente, caso se apresentem, as características principais; farás o registro das expressões corretas, das comparações felizes que se apresentam; algumas vezes redigirás uma passagem inteira, não visando a conferir-lhe acabamento, mas porque ela surge por si mesma e porque a inspiração é como a graça, que passa e não retorna.

Quando pensares ter esgotado a matéria — refiro-me ao que pretendes ou esperas —, a preparação de teu trabalho estará terminada; o canteiro de obras estará repleto de materiais entre os quais alguns não terão forma, ao passo que outros terão uma forma provisória. Logo falaremos da construção, mas já se percebe que o projeto procederá aqui dos próprios materiais e não dos materiais do projeto.

Esse último procedimento, que parece o menos lógico e que, com efeito, o é menos, a nos expressarmos abstratamente, tem a vantagem de conceder a ti mais liberdade em tuas reflexões e em teus estudos prévios, para te deixar mais receptivo à inspiração, manter tua alegria, pelo fato de que realizas descobertas sem obrigar-te a procurá-las com demasiada precisão; pelo fato de poderes avançar e recuar, adiar, aguardar a boa sorte e apenas trabalhar quando te sentes solto, sem qualquer constrangimento mental.

Uma obra pode ser assim terminada sem ser começada; todo seu valor está determinado em tuas notas; o plano nelas se encontra em estado latente, um projeto que enseja muitas opções de relativa autonomia, como dizem os arquitetos, isto é, no âmbito do qual diversas combinações são possíveis. Mas a matéria está confinada, controlada e estás certo de que, uma vez estabelecido o plano, ela corresponderá a uma concepção real, a ideias que possuis, ideias no encalço das quais não precisas correr, que não será, por conseguinte, um esquema arbitrário, um sistema de caixas que serás obrigado a preencher, nada tendo às vezes de efusivo, de espontâneo e, portanto, de vivo para aí introduzir.

As anotações assim compreendidas, anotações de estudo, anotações provenientes de inspiração, não devem ser feitas "nos momentos de lazer", pois integram o trabalho total e se deve reservar sua busca ao que chamamos de instantes de plenitude. As outras anotações, sem se furtarem à obrigação do esforço, terão às vezes o caráter de um achado feliz, de um acaso. Todavia, as melhores serão aquelas que um estudo aprofundado te convida a colher e armazenar como a riqueza de uma vida.

II

É preciso classificar as anotações, que, uma vez feitas, é de supor que creias sejam de um caráter passível de servir posteriormente. Na atividade industrial, econômica ou financeira, a ordem é o dinheiro, e que quantidade de dinheiro! Na esfera da ciência, é o pensamento. Inútil anotar se não puderes reencontrar a nota na hora oportuna, o que não seria mais nesse caso do que um tesouro debaixo da terra. Manter os vestígios dessas leituras e dessas reflexões, restaurar documentos, tudo bem; porém, sob a condição de com isso habilitar-se a folhear quando quiser o autor favorito e também folhear a si mesmo.

Cumpre desconfiar de certa disposição de espírito de colecionador que se apoia com muita frequência naqueles que colhem as notas. Estes querem encher seus blocos ou seus arquivos; têm pressa de preencher os vazios e acumulam textos como se enche um álbum de selos ou de cartões-postais. Tal prática é deplorável; cai-se assim na infantilidade e corre-se o risco de converter-se em um maníaco. A ordem é uma necessidade, mas é ela que deve nos servir e não nós a ela. Empenhar-se intensa e obstinadamente na acumulação e no completamento significa desviar-se do produzir e mesmo do aprender; a preocupação excessiva com a classificação interfere no próprio uso das informações; ora, tudo aqui deve se subordinar ao interesse do trabalho.

Como classificar as próprias notas: os homens célebres adotaram sistemas diferentes. O melhor, afinal de contas, é aquele que se experimentou e foi avaliado conforme as próprias necessidades e hábitos intelectuais, além de consagrado por uma longa prática.

O sistema no qual as anotações feitas são registradas ou coladas sequencialmente é muito falho, no sentido de que não admite nenhuma classificação, mesmo com a ajuda dos espaços reservados em branco, cuja medida não se pode determinar. Registros diferentes para cada assunto corrigem um pouco esse inconveniente, mas tampouco admitem uma classificação precisa, além do que não se prestam bem para a utilização na hora de escrever.

Pode-se ter pastas de um papel robusto ostentando um título, nelas contendo as anotações relativas a uma categoria. Um conjunto de pastas semelhantes correspondendo a um título mais geral poderá ser instalado em um arquivo, e cada arquivo ostentará externamente, senão o próprio título, que podemos preferir não indicar assim, ao menos um número de ordem correspondente a um sumário que o trabalhador intelectual terá sempre à mão.

Mas o método mais prático, entre muitos, para a maioria dos trabalhos, parece ser o das fichas. É preciso que tenhas fichas de papel suficientemente consistente, de um tamanho uniforme a ser determinado por ti segundo a extensão média de tuas notas. Nada impedirá que continues em uma segunda ficha as anotações por escrito principiadas em uma primeira. Tuas fichas deverão ser cortadas com exatidão, na guilhotina, operação que qualquer encadernador ou impressor executará em cinco minutos; de resto, há empresas especiais que te pouparão esse incômodo, fornecendo fichas de todos os tamanhos, de todas as cores, ao mesmo tempo que caixas e os acessórios necessários.[113]

---

113. Indico a Maison Borgeaud, 41, rue de Saints-Pères, Paris, que ensina e organiza materialmente um grande número de trabalhadores.

A propósito, necessitarás de caixas ou até, caso tua coleção de notas for de grande porte, de um arquivo com gavetas de dimensão apropriada. Haverá necessidade também de certo número de fichas especiais com entalhes, ou então "fichas-índices", para enumerar visivelmente as categorias depois de ter numerado no canto ou no meio cada ficha.

A partir desse ponto eis como deves proceder:

Quando fizeres uma anotação no curso de uma leitura, refletindo durante um trabalho, na cama, etc., faz a anotação em uma ficha ou, se não tiveres uma à disposição, em uma folha de papel menor utilizando apenas a página frontal e não o verso, que deverás logo depois colar em uma ficha. Uma vez escrita a ficha, procederás à classificação dela, a menos que hajas decidido aguardar algum tempo, conforme o conselho dado há pouco.

Quanto a classificar, isso implica já teres adotado uma forma de classificação que elegeste muito cuidadosamente em harmonia com teus trabalhos. Tudo que podemos fazer aqui é dar indicações gerais. Cada um deve se munir de um catálogo de assuntos, com divisões e subdivisões, com base nas quais já obteve ou julga dever obter notas. Um sistema muito engenhoso, denominado *sistema decimal*, é aplicável a todos os gêneros de pesquisas; no que toca a sua explicação, remeto o leitor a uma brochura interessante e bastante clara.[114]

Se houver algum receio de complicação, que de fato representa um gravíssimo inconveniente, que cada um se reporte, no que toca a isso, a seus próprios pontos de vista práticos. Impõe-se nisso ser realista e não ficar distraidamente tentando estabelecer divisões *a priori*, as quais não serviriam de nada.

Conforme teu catálogo, do qual cada divisão ou subdivisão deve ter uma letra ou um número de ordem, podes ordenar tuas fichas. Estando estas organizadas, tu as encontrarás facilmente durante o trabalho.

---

114. *L'organisation du travail intellectuel* [A organização do trabalho intelectual], de autoria do Dr. Chavigny, membro do *Val-de-Grâce*, Delagrave, 1918.

III

Chegou a hora de utilizar a documentação. Tens agora à tua disposição a coleta imediata, as anotações feitas em vista exatamente da obra em pauta; tens, ademais, de reserva, ainda não extraídas, as anotações antigas que se relacionam com isso mais ou menos diretamente. Reúne o todo tendo como referência o catálogo e as indicações que ele te fornece. Em seguida, em conformidade com o que foi dito anteriormente, tens diante de ti dois caminhos.

Se possuis um plano minucioso e se foi segundo ele que fizeste tuas anotações ou procuraste tuas notas, numera os artigos sucessivos desse plano; numera consequentemente (a lápis e levemente caso as notas devam ser empregadas novamente mais tarde) as fichas que lhe dizem respeito; reúne as fichas que ostentam os mesmos números; prende cada pequena pilha com um clipe apropriado, classifica as pilhas, e tudo que restará para fazer será redigir exibindo diante de ti, de modo sucessivo, o conteúdo de cada pilha.

Se, pelo contrário, preparaste tua obra sem um plano preestabelecido, baseada em simples diretrizes, é o caso agora de estabelecer o plano, o qual deves extrair da própria documentação. Para isso, eis como podes proceder. Tens todas as tuas fichas desordenadas. Tomarás uma após a outra e registrarás em uma folha de papel, em uma ordem, o conteúdo de cada uma, sintetizando o máximo possível. Esgotado o estoque, terás diante de ti as ideias de que dispões. Faz um exame rápido delas te informando sobre suas relações e dependências; separa mentalmente as ideias principais; subordina a estas o que lhes confere destaque; para isso, recorre a uma numeração marginal que se pode corrigir quantas vezes for necessário. Pouco a pouco a clareza surgirá e uma ordem se estabelecerá nessa massa confusa.

Feito isso, copia novamente tua síntese na ordem obtida, daqui para a frente os números se sucedendo. Se houver vazios em teu plano, preenche-os: farás, caso seja necessário, no que respeita a seu assunto, pesquisas suplementares; numera com um número correspondente a cada tema as fichas que se relacionam no que se refere a isso; classifica e faz uso do clipe como há pouco, e tua redação estará preparada.

Capítulo VIII
O trabalho de criação

I. Escrever. — II. Afastar-se de si mesmo e do mundo. — III. Ser constante, paciente e perseverante. — IV. Fazer todas as coisas bem e terminá-las. — V. Não tentar nada que esteja acima de si.

I

Agora é para ti, portanto, o momento de realizar. Não é possível manter-se sempre aprendendo e sempre preparando. De resto, aprender e preparar não funcionam bem sem uma dose de realização que os favoreça. Toda a vida é cíclica. Um órgão exercitado cresce e se fortalece; um órgão fortalecido atua com maior capacidade. É preciso escrever durante toda a vida intelectual.

Escreve-se primeiro para si mesmo, para ver com clareza na esfera da própria atividade, para determinar melhor os próprios pensamentos, para sustentar e avivar a atenção que não tarda a ceder se a ação não a obrigar, para iniciar as pesquisas cuja necessidade se destaca na produção, para encorajar o esforço que se tornaria cansativo se não houvesse um efeito visível, enfim, para formar o próprio estilo e conquistar esse valor que consuma todos os demais: a arte do escritor.

No caso de escrever, faz-se necessário publicar desde que bons juízes pensem que és capaz e que tu mesmo experimentes a aptidão para alçar esse voo. A ave está bem ciente de quando pode afrontar o espaço; sua mãe o sabe com maior segurança: contando com o apoio de ti mesmo e de uma sábia maternidade espiritual, voa desde que possas fazê-lo. O contato do público te obrigará a fazê-lo melhor; os elogios merecidos hão de trazer-te estímulo; as críticas exercerão o seu controle; o progresso será, por assim dizer, imposto, em lugar da estagnação possivelmente resultante de um perpétuo silêncio. A paternidade intelectual é uma semente lançada para a futura colheita de benefícios. Toda obra é uma fonte.

O padre Gratry insiste muito na eficácia do escrever. Ele desejaria que meditássemos sempre com a caneta na mão e que o período sereno da manhã fosse consagrado ao contato da mente consigo mesma. É preciso levar em conta as disposições pessoais, mas, com certeza, no tocante à maioria, a caneta que se move em nossos dedos cumpre a função do treinador nos jogos esportivos.

Falar significa escutar a própria alma e nela a verdade; discursar sozinho e silenciosamente por meio do escrever significa escutar e perceber o verdadeiro com a frescura de sensação de um homem que acorda cedo e que ausculta a natureza logo no começo do dia.

Em tudo, é necessário começar. "O começo é mais do que a metade de tudo", disse Aristóteles. Se nada produzimos, nos acostumamos à passividade; o medo causado pelo orgulho ou pela timidez cresce cada vez mais; recuamos, esgotamos nossas forças em uma espera sem sentido e nos tornamos improdutivos à semelhança de um broto raquítico.

A arte de escrever, eu o disse, exige essa aplicação longa e precoce que gradualmente se torna um hábito mental e constitui o que chamamos de estilo. Meu "estilo", minha "pena", é o instrumento intelectual de que me sirvo para dizer a mim e aos outros o que entendo da verdade eterna. Esse instrumento é uma qualidade do meu ser, uma dobra interior, uma disposição do cérebro animado, isto é, eu que evoluí de certa maneira. "O estilo é o homem."

É, portanto, com o escritor que o estilo se forma em cada um; o mutismo é uma diminuição da pessoa. Se queres ser plenamente, do prisma da vida intelectual, é imperioso saber pensar em voz alta, pensar explicitamente, isto é, formar em prol do interior e em prol do exterior teu discurso.

Talvez seja este o ensejo para dizer resumidamente o que deve ser um estilo correspondente às metas aqui sugeridas para o intelectual.

Ai de nós! Conviria não escrever para ousar dizer como se escreve. A humildade não se revela difícil quando diante de Pascal, La Fontaine, Bossuet, Montaigne nos curvamos à maestria ou experimentamos a serena ampliação de um grande estilo. Ao menos pode-se confessar o ideal ao qual aspiramos e que não atingimos; declará-lo é ao mesmo tempo acusar-se e honrar-se naquele que nos julga.

As qualidades do estilo podem ser explicadas em quantos artigos quisermos; acredito que tudo possa estar encerrado nestas três palavras: verdade, individualidade e simplicidade, a menos que se prefira sintetizar nesta única frase: Escrever verdadeiramente.

Um estilo é verdadeiro quando corresponde a uma necessidade do pensamento e quando mantém um contato íntimo com as coisas.

O discurso é um ato de vida: não deve representar um corte na vida, e é o que acontece quando descambamos para o artificial, o convencional, o que M. Bergson denominaria "já completamente feito". Escrever com uma parte de si e viver a própria vida espontânea e sincera com a outra constituem uma ofensa ao discurso e à harmoniosa unidade humana.

O "discurso de circunstância" é o tipo dessas coisas que se profere porque é necessário expressar essas coisas, que só se pensa literariamente despendendo essa eloquência que é ridicularizada pela autêntica eloquência. Assim, o discurso de circunstância é frequentemente apenas um discurso ocasional. É possível que seja genial, e Demóstenes ou Bossuet o comprovam para nós, mas só o é se a circunstância extrai de nossa essência o que jorraria igualmente bem de si mesmo, o que se liga a nossas concepções costumeiras, a nossas meditações de sempre.

A virtude da palavra, falada ou escrita, é uma abnegação e uma equidade: abnegação que põe de lado a pessoa ali onde se trata de um intercâmbio entre a verdade que fala interiormente e a alma que escuta; equidade que expõe candidamente o que foi revelado na inspiração e não lhe acrescenta verbosidade.

"Contempla teu coração e escreve", diz Sidney.[115] Aquele que assim escreve, sem orgulho e sem artifício, como para si mesmo, fala realmente para a humanidade, se possuir o talento que leva longe um discurso imbuído de verdade. A humanidade há de se reconhecer nele, porque foi ela que inspirou o discurso. A vida reconhece a vida. Se entrego ao próximo tão só uma folha de papel manchada, ele a olhará talvez com curiosidade, mas a seguir a jogará ao chão; se sou uma árvore a oferecer folhas e frutos repletos de seiva, se me doo plenamente, convencerei e, como Péricles,[116] deixarei o dardo nas almas.

Ao obedecer às leis do pensamento só posso mostrar-me próximo às coisas, ou, antes, no íntimo delas. Pensar é conceber o que é; escrever verdadeiramente, isto é, segundo o pensamento, é revelar o que é, não enfileirar frases. Assim, o segredo de escrever consiste em te colocar ardentemente diante das coisas até que falem a ti e determinem, elas mesmas, o que deve ser expresso.

O discurso deve corresponder à verdade da vida. O ouvinte é um ser humano; não é necessário que o orador seja uma sombra. O ouvinte traz a ti uma alma para ser curada ou esclarecida: não serve a ela palavras. Enquanto desenvolves teus períodos, é preciso lançar o olhar para fora, olhar em si mesmo e perceber a correspondência.

A verdade do estilo afasta o clichê. Nomeia-se assim uma verdade antiga, uma fórmula que caiu no uso comum, lote de expressões que outrora foram novas, que não o são mais precisamente porque perderam o contato com a realidade de onde se originaram, porque pairam no ar, ouropéis vazios que substituem um fluxo vivo, uma transcrição direta e imediata da ideia.

---

115. O autor provavelmente alude a Philip Sidney (1554-1586), militar que também foi escritor e político. (N.T.)
116. Péricles de Atenas (495-429 a.C.), estadista grego. (N.T.)

Como observa Paul Valéry,[117] é o automatismo que estraga as línguas. "Nós estamos vivos," diz ele, ao utilizarmos sempre a sintaxe "em plena consciência", no esforço de articular vigilantemente todos os elementos, evitando certos efeitos que se manifestam por si e que reivindicam certo privilégio. Essa reivindicação é precisamente a razão para afastar esses parasitas, esses intrusos, esses importunos.

O grande estilo consiste na descoberta dos laços essenciais entre os elementos do pensamento e em uma arte de exprimi-los excluindo todo balbuciamento acessório. "Escrever como se depõe o orvalho sobre a folha e as estalactites sobre as paredes da caverna, como a carne procede do sangue e como a fibra lenhosa da árvore se forma da seiva":[118] que ideal!

Dizemos que a pessoa orgulhosa e perturbadora estará ausente de tal discurso. Entretanto, a personalidade de expressão será apenas mais acentuada e mais nítida. O que sai de mim sem o meu concurso assemelha-se a mim necessariamente. Meu estilo é minha fisionomia. Uma fisionomia detém os caracteres gerais de sua espécie, mas detém sempre uma individualidade impressionante e incomunicável, que é única sobre a Terra e em todos os séculos; é o que confere em parte um interesse tão intenso aos retratos.

Ora, nossa mente é certamente ainda muito mais original, mas nós a escondemos por trás das generalidades adquiridas, das frases tradicionais, das alianças verbais que apenas representam velhos hábitos em lugar de um amor que nos é peculiar. Mostrá-lo tal como é, apoiando-o, porém sem esquecê-lo, nas conquistas que pertencem a todos, seria suscitar um interesse inesgotável, e isso seria arte.

O estilo que convém a um pensamento é como o corpo que pertence a uma alma, como a planta que provém de determinada

---

117. Ambroise-Paul-Toussaint-Jules Valéry (1871-1945) foi um filósofo, escritor e poeta francês da escola simbolista cujos escritos englobam interesses em matemática, filosofia e música. (N.E.)
118. Emerson. *Autobiographie* [Autobiografia]. Régis Michaud (ed.), p. 640. Colin éditions.

semente: ele possui uma arquitetura própria. Imitar é alienar o pensamento; escrever sem uma característica significa declará-lo vago ou pueril.

Não se deve nunca escrever "à maneira de...", mesmo que se trate da maneira de si mesmo. Não se deve ter uma *maneira*: a verdade não a tem; ela simplesmente se mostra e é sempre nova. O som, porém, que transmite a verdade não pode deixar de ser pessoal a cada um dos instrumentos dela.

"Todos os homens verdadeiramente grandes foram originais," escreve Jules Lachelier,[119] "mas nem quiseram nem acreditaram sê-lo; pelo contrário, foi procurando fazer de suas palavras e de seus atos a expressão adequada da razão que encontraram a forma particular sob a qual estavam destinados a exprimi-la."

Todo instrumento tem um timbre. Se a maneira é uma afetação, a originalidade verdadeira é, ela também, um fato verdadeiro; ela reforça, em lugar de debilitar, o efeito a ser produzido sobre o leitor, que por sua vez colherá esse efeito segundo ele próprio. O que se proscreve não é o sentimento pessoal por meio do qual tudo é renovado e glorificado; é a vontade própria se opondo ao império do verdadeiro.

A simplicidade decorre disso. Os floreios constituem uma ofensa ao pensamento, a menos que sejam um expediente para esconder seu vazio. Não há floreios na realidade: tudo que existe são necessidades orgânicas. Não é que não exista na natureza nada de brilhante: é que nela o brilhante também é orgânico, fundado na legitimidade, sustentado por subestruturas que jamais declinam.

Para a natureza, a flor importa tanto quanto o fruto, e a folhagem, tanto quanto o ramo; o todo resulta das raízes e não é senão a manifestação do gérmen no qual se oculta a ideia da espécie. Ora, o estilo, quando nas mãos de um trabalhador, imita as criações da natureza. Uma frase, um trecho devem ser formados à semelhança de um ramo vivo, como uma cabeleira de raiz, como uma árvore.

---

119. Jules Lachelier (1832-1918), filósofo francês. (N.T.)

Nada *a mais*, nada adicionado *ao lado*, tudo na curva ininterrupta que vai do gérmen ao gérmen, do gérmen desabrochado no escritor ao que deve desabrochar no leitor e propagar a verdade ou a bondade humana.

O estilo não é constituído em função de si mesmo; atribuir-lhe um papel importante autônomo significa corrompê-lo e aviltá-lo. Agarrar-se à "forma" para se tornar, em lugar de poeta, poetastro, em lugar de escritor, estilista, exigiria fazer pouco-caso da verdade! Aquele que possui gênio deve conduzir o estilo à perfeição, que é o direito de tudo que existe; cada um anseia legitimamente nisso se tornar um especialista, tanto quanto um velho ferreiro ao lidar com sua peça de ferro; entretanto, o ferreiro não se diverte pachorrentamente em tornear volutas, mas sim fabrica barras, guarnições de ferro para portas e grades.

O estilo exclui a inutilidade; ele é uma economia estrita no seio da riqueza; gasta tudo que se faz necessário, poupa aqui graças a arranjos hábeis e se mostra pródigo ali em prol da glória do verdadeiro. Seu papel não é ele próprio brilhar, mas fazer aparecer: ele mesmo deve se apagar, que é então quando sua própria glória se manifesta luminosamente. "O belo é a purgação de todo o supérfluo", dizia Michelangelo, e Delacroix observa neste último "os grandes engastes, o perfil simples das bochechas, os narizes destituídos de detalhes". Ele nota que isso só fica bem mediante contornos muito firmes, como em Michelangelo, Leonardo e principalmente Velásquez, mas não em Van Dyck, o que ainda constitui uma lição.

Dado o pensamento preciso ou o sentimento exato que deves exprimir, tem como meta escrever sob a forma inevitável. Visa a ser compreendido por todos, como convém quando um homem fala aos homens, e procura atingir nestes tudo que seja direta ou indiretamente instrumento da verdade. "Um estilo completo é o que atinge todas as almas e todas as faculdades das almas."[120]

Não cortejes a moda. Teu tempo te influenciará por si mesmo e saberá harmonizar-se com a eternidade. Oferece a água da fonte, não

---

120. Gratry, *Les sources* [As fontes].

drogas ácidas. Hoje, muitos escritores têm um sistema: todo sistema é uma pose, e toda pose, uma afronta à beleza.

Cultiva a arte da elipse, da eliminação, da simplificação: é o segredo da força. Os mestres, no fim, repetem somente isso, como repetia São João: "Amai-vos uns aos outros". A lei e os profetas, em matéria de estilo, constituem a nudez inocente que revela o esplendor das formas vivas: pensamento, realidade, criações e manifestações do Verbo.

Infelizmente, a inocência do espírito é rara; quando existe, alia-se às vezes à nulidade. Assim, apenas duas espécies de mente parecem predispostas à simplicidade: as de pouca envergadura e dos gênios. As outras são obrigadas a adquiri-la laboriosamente, embaraçadas devido a sua riqueza, e incapacitadas de se reduzirem voluntariamente.

II

O estilo e, de maneira mais geral, o trabalho de criação exige o desapego. A personalidade que causa embaraço deve ser afastada; o mundo, esquecido. Ao pensar na verdade, é possível se deixar distrair por si mesmo? Que se pode esperar da pessoa que se detém em si mesma? Espero daquele que se arroja, distanciando-se da personalidade efêmera, rumo ao imenso e ao universal, que caminha, astrônomo, na companhia dos astros; poeta, filósofo, teólogo, na da matéria animada ou inanimada da humanidade individual e social das almas, dos anjos e de Deus. Creio nisso porque o espírito da verdade está nele encerrado, e não uma preocupação miserável com o próprio eu.

Trabalhar exclusivamente segundo o entendimento, nós o vimos, não basta: impõe-se envolver o ser humano. Mas o ser humano que se introduz no trabalho não deve ser o ser humano passional, o ser humano vaidoso, o ser humano ambicioso ou de vã complacência.

Todos ocasionalmente estão apaixonados; porém, em momento algum a paixão deve assumir o controle. Todos estão expostos à vaidade, mas se o trabalho for no fundo uma vaidade, o que temos então é o vício. Não se trata do que tiraremos do conhecimento, mas do que poderemos conceder a ele; o essencial não é o acolhimento dado a nossas palavras, mas o acolhimento que nós mesmos damos à verdade e aquele que lhe preparamos junto aos outros. Que peso tem diante desse objetivo sagrado nossos tacanhos cálculos egoístas? Muitos homens que aparentam estar de coração apegados a uma obra demonstram estar menos ciosos dela do que com sucessos insignificantes. A formação dos mundos, a ascensão das espécies, a história das sociedades, o regime do trabalho servem para granjear-lhes uma faixa púrpura ou vermelha; sua poesia aspira ao "caro Mestre", sua pintura sonha estar exposta no alto da parede de uma galeria; Corneille interpretado por Talma se converte no "tu me viste?". Não é à toa que a mente assim desviada de seu objeto degenere. Tais buscas só podem degradar o trabalho, e, mesmo que nos elevamos um pouco acima da escalada das ambições, que condenemos à negligência o sucesso presente, contando apenas que ele ocorra por efeito do nosso próprio desinteresse, o resultado é igual.

A inspiração não é compatível com o desejo. Quem quer que deseja algo para si mesmo afasta a verdade: o Deus cioso não será seu hóspede. Dissemos ser necessário trabalhar em um espírito de eternidade, e o que haveria de menos eterno do que uma visão ambiciosa? Consagrado por completo à verdade, deves servi-la, não te servir dela.

Só se age com plenitude em favor de causas pelas quais se aceitaria morrer. Estás pronto a morrer pela verdade? Tudo o que escreve um autêntico amigo do verdadeiro, tudo o que ele pensa deveria ser como os sinais que traçava com o sangue de seu ferimento São Pedro mártir ao morrer: *Credo*.

A personalidade egoísta fomenta sempre a diminuição do que tem valor; contamina tudo, empobrece tudo; leva as forças a perderem o rumo. Aquele que vai em frente inspirando-se no verdadeiro e deixando a Deus a responsabilidade pelas consequências, este é um digno pensador. "*Para mim, viver é o Cristo*", diz São Paulo: eis aí uma vocação e uma certeza de ação vitoriosa. Somente é um intelectual aquele que puder dizer: para mim, viver é a verdade.

* * *

Uma forma de personalidade particularmente hostil ao trabalho é essa hipocrisia quase universal, que consiste em projetar antecipadamente uma aparência de conhecimento ali onde a sinceridade faria confissão de ignorância. Ocultar a própria indigência intelectual à sombra das palavras é o que reprovamos no escritor medíocre com o qual topamos, no jornalista que simplesmente não sabe o que escrever ou no deputado ignorante. Mas todo escritor que vier a se interrogar honestamente deverá confessar que cede a todo instante, no tocante a esse ponto, às sugestões do orgulho. O desejo é reservar para si o próprio segredo; disfarça-se a própria insuficiência; afetamos grandeza nos percebendo pequenos; "afirma-se", "declara-se", "está-se certo de que…": no fundo não se sabe nada; impomo-nos a nossos semelhantes e, vagamente enganados com nosso próprio jogo, seduzimos a nós mesmos.

Uma outra falha é a busca, no âmbito do pensamento, dessa falsa originalidade que condenamos há pouco no estilo. Querer fazer o verdadeiro curvar-se à própria pessoa constitui uma forma insuportável de orgulho que se transforma em estupidez. A verdade é essencialmente impessoal. Se ela toma emprestadas nossa voz e nossa mente, tomará destas a cor sem qualquer esforço de nossa parte; ela realizará isso tanto melhor quanto não pensarmos na coisa; contudo, pressionar a verdade para que ela se assemelhe a nós é falseá-la, é substituir essa verdade imortal por um violador efêmero.

"Não olhes de onde se origina a verdade", dizia Santo Tomás: tampouco olhes a quem ela confere glória. Deseja que teu leitor, ante tua obra, não olhe tampouco de onde se origina a verdade. Esse desinteresse sublime é a marca do ser grandioso; visá-lo, fazer dele a própria lei sempre aceita, se não sempre obedecida, é corrigir aquilo que em nós não pode se furtar a sua própria miséria. O resultado é nos engrandecermos mediante a única grandeza verdadeira. O suporte modesto goza de sua parcela de glória quando a verdade resplandece, com sua chama genuína, sobre o candelabro da mente.

* * *

Também é necessário, dizia eu, esquecer o público. "Quanto mais um livro é escrito longe do leitor, mais força ele tem" é o que disse o padre Gratry nas *Sources* [Fontes], e os *Pensamentos* de Pascal, as obras de Bossuet para o Delfim, a *Suma* de Santo Tomás de Aquino, sobretudo, fornecem dados à guisa de exemplo; a comparação entre a *Petit Carême* [Pequena Quaresma] e os *Discours synodaux* [Discursos sinodais] de Massillon[121] serve de ratificação. Isso é verdade, e Vauvenargues[122] está de acordo a respeito ao dizer "tudo que se pensou somente para os outros é ordinariamente pouco natural".

Isso não significa que se possa negligenciar o próximo e deixar de ter interesse em ser útil. O intelectual pertence a todos e deve estar ciente disso. Mas preocupar-se em ser útil não é solicitar uma palavra de ordem com base na opinião popular. Não se deve deixar-se influenciar pelo *O que dirão disso?* É preciso cuidar para não se render à pressão de um conformismo covarde, que se diz amigo de todos para que todos restituam na mesma moeda.

Buscar a aprovação pública significa subtrair do público uma força com a qual ele contava. Não estás devotado a teus semelhantes? Não têm eles o direito de indagar a ti: Onde está tua obra? Ora, o pensamento não será tua obra se a preocupação em agradar e em te ajustares fizer de serva tua caneta. Nesse caso, é o público que pensará por ti, quando deveria ser tu a pensar por ele.

Busca a aprovação de Deus; o único objeto de tua meditação é o verdadeiro, isto a favor de ti e dos outros; não faças de ti um escravo e torna-te digno de dizer com Paulo: "O Verbo de Deus não instala correntes".

Essa independência virtuosa é efetivamente necessária na medida em que o público, como massa, reúne todas as características que se prestam a ti rebaixar. O público tem uma mentalidade

---

121. Jean-Baptiste Massillon (1663-1742), religioso francês, bispo de Clermont de 1717 a 1742. (N.T.)
122. Luc Vauvenargues (1715-1747), pensador moralista francês. (N.T.)

primária. Na maioria dos ambientes que ocupa e de acordo com as vozes da maioria dos indivíduos que o compõe, o público proclama convenções, não verdades; seu desejo são as lisonjas; ele teme, acima de tudo, ser perturbado. Para que as verdades essenciais o tenham como ouvinte, é imperioso que te imponhas a ele após um contínuo e vigoroso esforço. Tens esse poder, e é essa feliz violência que o pensador solitário deve tentar.

Para ter êxito nessa tarefa, tua força está no apoio em ti mesmo e na natureza das coisas; trata-se de "bater como um surdo", como dizia Madame de Sévigné[123] de Bourdaloue, e de bradar o *Salve-se quem puder* que acaba por seduzir e conquistar as almas.

De verdadeiramente poderoso e verdadeiramente cativante só existe uma coisa: uma convicção forte unida a um caráter que outorga garantias aos frágeis seres humanos. Aqueles mesmos que exigem ser cortejados desprezam aquele que os corteja e se rendem a seu senhor. Se és deste mundo, este mundo te amará porque pertences a ele, mas o seu desdém silencioso será a medida de tua queda.

Este mundo perverso, no fundo, ama somente os santos; por outro lado, este que é covarde sonha com os heróis. Roger Bontemps assume gravidade e pensa em converter-se diante de um asceta. Em meio a uma humanidade assim constituída, não se deve ceder à opinião e escrever como se ela lesse olhando acima de teus ombros. Imperioso despojar-se tanto dos outros quanto de si mesmo. No domínio intelectual como em todos os outros, superar o ser humano é preparar-se para os prodígios, pois é franquear o caminho para o Espírito.

Instalado diante de tua mesa de trabalho e mergulhado na solidão na qual Deus fala a nosso coração, seria necessário escutar com os ouvidos de uma criança e pôr-se a escrever como uma criança fala. A criança é simples e livre, porque não dispõe ainda de vontade própria, não assumiu uma posição, não tem desejos artificiais nem paixões. Um poderoso interesse se prende à confiança ingênua dela e a seu discurso direto. Um indivíduo humano maduro e nutrido

---

123. Marie de Sévigné (1626-1696), escritora francesa. (N.T.)

pela experiência que soubesse, todavia, conservar essa candidez seria um excelente receptáculo da verdade, e sua voz repercutiria no íntimo das almas.

III

O trabalho de criação reclama também outras qualidades; suas exigências correspondem a seu valor. Reúno aqui três desses requisitos que se corroboram e que não deixarão como produto uma obra insatisfatória ou precária. É preciso introduzir no trabalho a *constância* que se coloca em relação imediata com a obra a ser realizada, a *paciência* que dá sustentação diante das dificuldades e a *perseverança* que previne o desgaste da vontade.

"Não se deve imaginar", diz Nicole, "que a vida dedicada ao estudo seja uma vida fácil... A razão disso é não haver nada mais contrário à natureza do que a uniformidade e o repouso, porque nada nos proporciona maior oportunidade de estar sozinhos com nós mesmos. A mudança e as ocupações externas nos levam para fora de nós e nos distraem, levando-nos a esquecer de nós próprios. Ademais, essa linguagem verbal é sempre um pouco morta e nada tem que excite vivamente nosso amor-próprio e que desperte fortemente nossas paixões. É destituída de ação e de movimento. Fala-nos pouco de nós mesmos e nos oferece pouco ensejo de nos vermos com prazer. Pouco lisonjeia nossas esperanças, e tudo isso contribui para mortificar estranhamente o amor-próprio, que, não sendo satisfeito, instila a apatia e o fastio em todas as ações."[124]

Essa análise, que evoca a teoria do *divertissement* em Pascal, poderia nos levar longe. Só retenho disso que, sendo nesse caso "a apatia e o fastio" inimigos temíveis, é imperioso pensar em derrotá-los.

Todos conhecem esses intelectuais que trabalham com irregularidade, em meio a fases interrompidas pela preguiça e pela negligência. Existem buracos no tecido de seus destinos, e eles fazem desse

---

124. Nicole, op. cit., p. 255.

tecido uns andrajos grosseiramente costurados em lugar de um traje nobre. Queremos, nós, ser intelectuais o tempo todo e que isso seja de conhecimento de todos. Saberão quem somos de acordo com nossa forma de repousar, de nos divertir, de acordo com nossa maneira de atar os laços de nossos sapatos: com muito maior razão isso há de ser evidente quando se tratar da fidelidade ao trabalho, isto é, do retorno pontual à tarefa empreendida e sua continuidade.

Tendo alguém um dia pedido a Edison[125] que dissesse a uma criança uma frase de que ela pudesse se lembrar, o grande inventor pronunciou, enquanto sorria: "Meu garoto, nunca fiques de olho no relógio". Ele, Edison, ficava tão pouco de olho no relógio que no dia de seu casamento — um casamento romântico — as pessoas foram obrigadas a procurá-lo: mergulhado em uma de suas pesquisas, ele esquecera o evento.

É admirável estar por inteiro naquilo que se faz, como Deus, que não se dissocia de Sua obra. Se uma ocupação não vale o que vale alguém, seria o caso também de nela nada introduzir de si.

Com frequência somos tentados a perder tempo porque "não vale a pena se meter nisso", porque "já está na hora". Não se pensa que esses fragmentos insignificantes do tempo, os quais de fato se prestam mal a um empreendimento, são inteiramente indicados na preparação do trabalho ou para conferir-lhe um retoque, para verificar referências, recuperar notas, classificar documentos, etc. Ganhar-se-ia tanto com isso quanto com as verdadeiras sessões laboriosas, e os instantes assim empregados seriam tão úteis quanto os outros, visto que essas pequenas tarefas se referem ao trabalho e são indispensáveis.

Durante as próprias sessões de trabalho, a tentação é interromper nosso esforço no exato momento em que o menor incidente traz de volta a "apatia" e produz o "fastio" dos quais falava Nicole. As manhas da indolência são em número infinito, como aquelas das crianças. Ao procurar uma palavra que não nos ocorre, nos pomos a desenhar

---

125. Thomas Alva Edison (1847-1931), cientista e inventor estadunidense. (N.T.)

apressadamente alguma coisa na margem da folha, e é imperioso terminar esse desenho. Ao abrir o dicionário, seremos atraídos por uma curiosidade verbal, em seguida por uma outra e aí permaneceremos presos dentro de uma sarça. Teu olhar cai sobre um objeto; vais colocá-lo em seu devido lugar e com isso ficas enredado um quarto de hora em torno de uma futilidade. De repente alguém passa; um amigo está no aposento ao lado; o telefone te tenta a dar um telefonema, ou então é o jornal que chega, teus olhos pousam nele e não tarda para que estejas desorientado graças a ele. Uma ideia atraindo outra, pode acontecer até de o próprio trabalho afastar-te do trabalho, uma fantasia a invocar um pensamento e ir te encaminhando para as perspectivas dela.

Nos momentos de inspiração, é de se temer menos essas armadilhas, já que a alegria da descoberta ou da criação te proporciona sustentação. Mas as horas ingratas sempre chegam e, enquanto duram, a tentação se mantém poderosa. Por vezes é necessária uma verdadeira força da alma para escapar dessas ninharias. Todos os trabalhadores intelectuais gemem nos instantes de depressão que interrompem as horas de ardor e ameaçam arruinar o resultado do investimento no trabalho. Com o prolongamento da náusea, o desejo é mais de plantar couve do que prosseguir em um estudo cansativo; inveja-se o operário, que por seu lado te tem na conta de "um preguiçoso imprestável" porque te sentas tranquilo em tua poltrona. Quanto perigo de desistires uma vez mergulhado nesse morno tédio!

É sobretudo nos pontos críticos e decisivos que é preciso atentar para a súbita ou insidiosa eclosão desses ataques. Todos os trabalhos apresentam transições penosas; os encaixes constituem a grande dificuldade no que se relaciona aos estudos e às criações. Tudo envolve conexões. Um avanço em linha reta é seguido de um cotovelo cujo ângulo é difícil de ser medido; ocorre a perda da direção; hesita-se, e é então que o demônio da preguiça aparece.

Convém às vezes se deter por algum tempo, isto é, quando não se vê a sucessão dos pensamentos e estamos expostos ao grave perigo das transições artificiais. Algum tempo depois, é possível que tudo se esclareça sem esforço. Eu disse que a noite, a manhã límpida, os momentos de relaxamento entremeados de fantasia são nesse caso veículos das graças. Mas deter-se algum tempo não é preguiça. Retoma o trabalho te atendo a um outro lado e transfere para este tua diligência ardente.

Diz "não" de maneira enérgica a toda parada injustificada. Se tua fadiga é muito acentuada, faz uma pausa voluntária em vista de tua recuperação. Qualquer esgotamento nervoso não levaria a nada. Um pouco de leitura de um autor predileto, a recitação de algo em voz alta, uma prece feita de joelhos a fim de alterar o estado orgânico e, consequentemente, mais ou menos, desobrigar tua mente, uma sessão de exercícios respiratórios ao ar livre, alguns movimentos ritmados: tais são os remédios possíveis. Depois disso, deves retornar ao esforço.

Alguns recorrem a estimulantes. Este é um método nefasto. O efeito é tão só momentâneo e diminui com o uso, com o que se faz necessário dia a dia aumentar a dose; o desfecho desse progresso são falhas físicas e mentais.

Um estimulante mais inócuo é a caminhada, quer ao ar livre quer no interior do escritório. Um grande número de trabalhadores intelectuais põem assim o cérebro em ação por meio do movimento de seus membros. "Também meu pé é escritor", dizia Nietzsche.

Teu estimulante mais normal, entretanto, é a coragem e esta é sustentada, além de o ser pela prece, pela visão renovada da meta que se persegue. O prisioneiro que quer fugir sabe reunir todas as energias; ele não se cansa das remotas preparações e das novas tentativas depois dos fracassos: a liberdade o conclama. Não queres fugir do erro e conquistar a liberdade da mente em uma obra realizada? Imagina teu trabalho consumado e esta imagem te fornecerá nova coragem.

Um outro efeito da constância é vencer as impressões de falsa fadiga que atingem tanto a mente quanto o corpo. Ao iniciar uma excursão, sucede frequentemente de o primeiro aclive encontrar-te ofegante e lento; a dor muscular toma conta de ti e de bom grado voltarias para casa. Entretanto, se persistires, as articulações desentorpecem, os músculos atuam, a respiração se amplia e experimentarás o prazer da ação. O mesmo ocorre com o estudo. A primeira sensação de fadiga não deve ser obedecida; é necessário reagir contra ela; é necessário forçar a energia interior a emergir. Gradualmente, as engrenagens passam a funcionar, nós nos adaptamos à nova situação, e um período de entusiasmo pode suceder a uma inércia penosa.

Não importa qual seja a causa, cumpre saber transpor as dificuldades sem se curvar, mantendo o domínio do próprio ser. Uma sessão de trabalho assemelha-se a uma pista de corrida semeada de obstáculos. Salta-se uma cerca e um pouco mais adiante existe um fosso, depois um talude e assim sucessivamente. Diante da primeira barreira não nos detemos, saltamos, e os obstáculos têm entre si trechos tranquilos nos quais executamos um percurso satisfatório. A superação de uma dificuldade te ensina a superar outras; um esforço te poupa de quatro outros; a coragem de um minuto vale por um dia inteiro e o trabalho árduo finda como um trabalho fecundo e jubiloso.

No conjunto de tua vida, essa tenacidade contribuirá para tornar tua atividade cada vez mais fácil. Adquire-se o costume de pensar como nos habituamos a tocar piano, a cavalgar ou a pintar: Santo Tomás estava habituado a ditar adormecido. A mente se habitua com aquilo que frequentemente dela demandamos. Não tivesses tu memória e a adquiririas para aquilo que constitui teu objeto constante; se tens tendência para a dispersão da mente, a atenção do profissional te atinge; se és pouco apto para dar o voto de desempate de ideias, obterás com o contato perseverante dos gênios um discernimento mais agudo e mais seguro. Em quaisquer matérias, uma vez tenhas dado partida certo número de vezes, teu motor se aquece, o veículo ganha velocidade e a estrada se furta a teu olhar.

Em seu diário, Amiel um dia perguntava a si mesmo: "Por que és fraco? Porque cedeste dez mil vezes, com o que te tornaste o joguete das circunstâncias. Foste tu que construíste a força delas e não elas que construíram tua fraqueza.".

Aprende a ser constante mediante a aplicação e retomadas firmes e obstinadas no âmbito de teu trabalho: chegará um dia em que as crises persistentes de fadiga ou apatia irão se dissipar e os sentimentos momentâneos de tédio exercerão escasso efeito. E, então, tu terás te tornado um homem, porquanto o trabalhador intelectual destituído de constância não passa de uma criança.

Com base na experiência, percebe-se que muitas dificuldades são superadas de antemão por aquele que se lança energicamente no trabalho, como o corredor que se arroja à frente. Todavia, restará invariavelmente um lote considerável de dificuldades a serem vencidas por uma virtude vizinha da constância, ou seja, a paciência.

Os gênios têm sido unânimes quanto a se queixarem das tribulações que atingem o pensador, declarando que suas obras, ainda que constituam para eles uma necessidade e uma condição da felicidade, lhes têm infligido longos tormentos, por vezes verdadeiras angústias. Ainda escuto Bergson a emitir gemidos desse gênero.

O cérebro está submetido a leis obscuras; seu funcionamento pouco depende da vontade; quando ele se recusa, o que fazer? Quando os fios do conhecimento ficam emaranhados e as horas passam em vão, quando um sentimento penoso de impotência se apodera de ti, sem que nada anuncie o fim da prova para breve, ao que recorrer e a quem pedir socorro independentemente do socorro divino?

Quando alcançares o êxito, teu leitor há de considerá-lo completamente simples, mas criticará asperamente tuas debilidades; por outro lado, não suspeitará de tuas dificuldades. Aliás, ele não deve suspeitar delas. "As obras realizadas ao custo de um grande trabalho", dizia Michelangelo, "devem parecer, a despeito da verdade, fáceis e concebidas sem esforço... A grande regra é atribuir a si muita dificuldade com o propósito de criar coisas que parecem não haver custado nenhuma." Boileau,[126] por seu lado, não se gabava de ter ensinado a Racine a arte de produzir com dificuldade versos fáceis? Em matéria de ciência, dizia Biot: "Nada há de tão simples quanto o que foi descoberto ontem, nem de mais difícil quanto o que será descoberto

---

126. Nicolas Boileau (1636-1711), poeta francês. (N.T.)

amanhã". O público, porém, não suspeita disso. Terás de carregar teu fardo sozinho, e os grandes seres humanos advertem que esse fardo do pensamento é o mais pesado que o ser humano pode carregar.

Na pesquisa, deves ser tão indomável quanto o explorador do polo ou da África Central. No ataque ao erro ou na resistência a ele, é imperioso que tenhas a resistência e o ardor de César[127] ou de Wellington[128]. O trabalho intelectual, como a batalha, exige heroísmo. Um escritório é, por vezes, uma trincheira onde se impõe manter-se firme como um digno mártir.

Quando te sentires desarmado, derrotado; quando a estrada exibir-se diante de ti interminável, ou quando, tendo indubitavelmente tomado uma direção errada, tens a impressão de estar perdido, mergulhado em brumas espessas, desorientado, esse é o momento de recorrer às energias que foram reservadas. Persiste, suporta o golpe, tem paciência no sentido pleno da palavra que evoca a Paixão do Mestre. O ardor é mais fácil do que a paciência, mas ambos são necessários, e o sucesso é a recompensa para os dois.

O alpinista que atravessa uma nuvem acha que o universo está imerso na noite: vai em frente e encontra além dela o sol. Quando estamos em um apartamento fechado sob o mau tempo, acreditamos não haver como sair: mas acabamos por sair e trilhamos tranquilamente nosso caminho, e o tempo bom retorna.

É principalmente sua extensão que torna a arte do pensar tão morosa e tão desproporcional em relação a nossas formas ordinárias de coragem: *Ars longa, vita brevis* [Arte longa, vida breve]. A virtude da paciência tem aí sua chance de se exercer à vontade. Respeitando as leis do desabrochamento natural das coisas e não ferindo a ciência por meio de uma pressa indiscreta, ganharás mais do que por intermédio de uma precipitação fogosa. A verdade e a natureza caminham em um passo idêntico, e a natureza opera segundo períodos de duração comparados aos quais a vida e a morte do globo se assemelham a um nascer e pôr do sol.

---

127. Caio Júlio César (100-44 a.C.), general e estadista romano. (N.T.)
128. Arthur Wellington (1769-1852), general inglês. (N.T.)

"O que se processa nas fontes profundas", escreve Nietzsche, "aí se processa lentamente; é necessário que elas aguardem muito tempo para saberem o que caiu nas suas profundezas."[129] A alma é essa fonte secreta: não procures desvendar prematuramente seu mistério. As reservas do tempo pertencem a Deus; pouco a pouco Ele as entrega a nós, mas não cabe a nós exigi-lo e nos impacientarmos. Só é tesouro aquele que surge no devido tempo.

Portanto, evita a agitação do homem apressado. Apressa-te lentamente. Na esfera da mente, a calma tem mais valor do que a rapidez. Mais do que em qualquer parte, é aí que se confirma o provérbio: Tudo chega na hora para quem sabe esperar. "A vida bem preenchida é longa", diz Leonardo Da Vinci. Ao homem que se ocupa de seu tempo pertence a duração inteira, que está situada na eternidade. Consequentemente, trabalha dentro do espírito de eternidade. Não confundas uma estimulação generosa com as excitações que são quase seu contrário, visto que rompem seu ritmo. Não podes em meio à perturbação executar esse trabalho sereno que é a ordenação das ideias, a elaboração delicada dos novos pensamentos. Queres, então, perder tempo graças à tola inquietude de não ter dele o suficiente?

Do ponto de vista do cristão, tens de respeitar a Deus em Sua providência. É Ele que estabelece as condições do conhecimento: no que se refere a isso, a impaciência é uma rebelião. Quando a febre se apossa de ti, a escravidão mental fica a tua espreita e a liberdade interior desaparece. Não é mais tu que ages, e menos ainda o Cristo em ti. Não realizas mais a obra do Verbo.

A troco de que se apressar indisciplinadamente quando o caminho já é uma meta e o meio, um fim? A intelectualidade vale por si mesma em todos os seus estados. O empenho virtuoso é uma conquista. Aquele que trabalha para Deus e em conformidade com Deus

---

129. Frédéric Nietzsche, *Arasi parla Zarathoustra* (Alcan, éd.). (N.T.) [Ver Friedrich Nietzsche, *Assim falou Zaratustra*, trad. Saulo Krieger, São Paulo: Edipro, 2020. (N.E.)]

encontra em Deus sua morada. Que importa o tempo estar fluindo quando se está instalado nessa morada?

O coroamento da constância e da paciência duradouras é a perseverança que consuma. "Aquele que perseverar até o fim, este será salvo", diz o Evangelho. A única lei a qual está submetida a salvação intelectual é a salvação total. "Aquele que põe as mãos no arado e olha para trás" não é digno, tampouco no domínio intelectual, do Reino dos Céus.

Quantos trabalhadores abandonaram assim o cultivo da terra, a semeadura e renunciaram às colheitas! A Terra está totalmente povoada desses desertores. No âmbito do conhecimento, os primeiros ensaios têm a natureza de provas eliminatórias: de modo sucessivo, as pessoas de caráter débil cedem, enquanto as valentes resistem; tudo que encontramos no fim são os trezentos de Gedeão ou os trinta de Davi.

Perseverar é querer; aquele que não persevera não quer, limita-se a projetar. Aquele que se afrouxou nunca reteve algo; aquele que para de amar jamais amou. O destino é uno, e ainda com maior razão uma obra parcial. O verdadeiro intelectual é, por definição, um perseverante. Ele assume a tarefa de aprender e instruir; ama a verdade com todo o seu ser; é um consagrado: não se esquiva prematuramente.

Todas as grandes vidas têm nos mostrado essa marca suprema. Findam como um dia glorioso. Os rubores do poente não são menos belos do que os leves raios dourados do nascente, além de adicionarem sua grandeza melancólica. O homem de bem que trabalhou por muito tempo e que não esmoreceu pode ter o seu poente, também ele, em uma morte simples e simultaneamente suntuosa; sua obra o sucede e concomitantemente é para nós um legado.

Tu, que segues os passos dos grandes, não sejas esses covardes itinerantes que desertam, que franqueiam uma etapa, se detêm, se perdem, sentam-se como que esgotados e retornam cedo ou tarde às regiões da vulgaridade. É preciso manter firmeza até o fim da viagem. "Passo a passo vai-se longe", e os passos largos sem perseverança não passam de movimentos dançantes inúteis que não conduzem a parte alguma.

Fortalece tua vontade e a confia ao Senhor para que ele a consagre. Querer envolve ser submetido, é ser acorrentado. Ainda que não implique obrigação, a necessidade do dever ou de uma resolução ponderada deve ser para nós tão imperativa quanto as necessidades naturais. Um vínculo moral não é mais do que um vínculo material?

Saiba, portanto, após haver determinado tua tarefa, ater-te a ela com um rigor que seja, porém, suscetível de alguma adaptação; mas exclui até as obrigações de pouca importância e, com maior razão, toda atitude que possa comprometer teu trabalho. Esforça-te no sentido de conferir profundidade a teu trabalho, de forma a fazer a duração atuar a teu favor naquela dimensão que te oferece acesso direto. Levado por essa corrente, tu não a abandonarás enquanto ela não te abandonar. Serás da linhagem dos pensadores fiéis. Os gigantes do trabalho intelectual, como Aristóteles, Agostinho, Alberto Magno, Tomás de Aquino, Leibniz, Littré e Pasteur hão de reconhecer-te na qualidade de um filho e irás dignamente no encontro Daquele que te espera pacientemente.

IV

Atendidas essas três virtudes, pouco há de se temer quanto a um resultado medíocre e imperfeito. Contudo, convém acentuar com energia a necessidade do aprimoramento e do dever de terminar tudo cujo empreendimento se julgou útil.

Deve-se refletir antes de encetar um trabalho. Não passa de um estouvado aquele que se lança em uma aventura, de pouca ou muita importância, sem haver, como diz o Evangelho, "calculado seu custo". A sabedoria exige que se encare a obrigação de finalizar algo quando se delibera a respeito da oportunidade de iniciá-la. Não finalizar uma obra corresponde a destruí-la. "Aquele que esmorece no desenrolar de uma obra é irmão daquele que destrói o que faz", afirmam os *Provérbios* (18,9).

Do que serve uma casa no decorrer da construção? Que testemunho poderia ela prestar a respeito daquele que colocou os alicerces e assentou as primeiras pedras e os primeiros tijolos? Tal ruína evoca desastres; não se pensa que alguém vivo ou alguém que foi poupado pela sorte possa suportar essas paredes que se assemelham às colunas arruinadas dos cemitérios. E quanto a ti, construtor a serviço da mente, queres fazer de teu passado um campo de escombros?

Há pessoas com as quais se pode contar; quando prometem, cumprem; ora, todo começo é uma promessa caso não se trate de uma tolice. Outras pessoas se comprometem, juram pelo que têm de mais sagrado e nada sucede; dir-se-ia que não são indivíduos aptos para a obrigação; não se consegue vinculá-los a uma obrigação e eles próprios também não são capazes de fazê-lo: parecem com água corrente.

Tais pessoas representam moralmente uma espécie inferior. O intelectual que se assemelha a elas não é um intelectual, já que sua vocação condenou a si mesma. Tu, que és um consagrado, decide-te a ser fiel. Em ti existe uma lei: que seja acatada. Disseste "Farei", faz! Foi formulado para ti um problema de consciência: deves solucioná-lo com base em tua honra; todo trabalho inacabado atrairia para ti uma reprovação.

Vejo uma causa de declínio no abandono de um projeto ou de um empreendimento. Nós nos acostumamos com o esmorecimento; toma-se o partido da anarquia e da consciência pesada; somos aquele que faz e que não faz, do que resulta uma redução da dignidade que não pode favorecer nossos progressos.

Mede dez vezes teu pano antes de cortá-lo uma só vez; alinhava com cuidado e, quando chegar o momento de costurar, que nada no mundo possa te levar a dizer: eu desisto.

Resultará que o que costurares, enquanto residir em ti, será perfeito. *Consumado* significa terminado, mas significa igualmente perfeito, e esses dois sentidos se corroboram. Não termino verdadeiramente o que me nego a encaminhar rumo ao melhor. Aquilo que não se aperfeiçoa não *é*. Segundo Espinoza, o ser e a perfeição correspondem à mesma ideia; o ser e o bem são convertíveis.

Conta-se de Ticiano que executava um esboço vigoroso de suas telas, em seguida as desenvolvia até certo ponto, depois do que instalava a obra na parede durante determinado tempo até que ela se revelasse para ele como uma estranha. Então, a retomava e, envolvendo-a com um "olhar inimigo", obrigava-a a se converter em uma obra-prima.

Quando tiveres esboçado um trabalho, é preciso, assim, deixar que ele repouse e que tu descanses os olhos e se distancie dele por algum tempo. Se então ele te desagrada, recomeça. No momento em que ele alcançar o nível que requer tua aprovação, submeta-o a uma crítica ainda mais rigorosa que atinja todos os seus detalhes e retoma o trabalho até que possas declarar: Agora minhas forças estão esgotadas e o que permanece deficiente, rogo a Deus e a meu próximo que me perdoem. "*Quod potui feci: veniam da mihi, posteritas*" [Fiz o que pude; perdoa-me, posteridade], diz Leonardo da Vinci em seu epitáfio.

Não é necessário que componhas muito. Se o que realizas corresponde a teu talento, a tuas graças e ao tempo que é a ti concedido; se estás, tu próprio, completamente inserido nisso e se a vontade da Providência em ti é satisfeita por uma obediência plena, tudo está bem. Será sempre muito o que vieres a fazer se completares com perfeição o que realizas. O que vieres a fazer mal nada somará ao trabalho e até dele subtrairá algo, como uma mancha em uma preciosa peça de seda.

A vocação intelectual não é algo meramente aproximativo, de modo que deves te dedicar ao trabalho por inteiro. Consagrada ao Deus da verdade no seu todo, tua vida pertence a Ele em cada situação de sua formação. Diante de cada trabalho, diz: Tenho o dever de realizá-lo e, portanto, também de realizá-lo bem, porquanto o que não se consuma não *é*. Na medida em que eu o realizo mal, perco parte de minha vida, desobedeço ao Senhor e me furto a meus irmãos. Nessa medida, renuncio a minha vocação. Ter uma vocação significa ter a obrigação do perfeito.

* * *

Cabe aqui um conselho prático importante. Quando houveres te decidido quanto a um trabalho, que tu concebeste com clareza, preparaste com clareza, e estiveres pronto para pôr-te a trabalhar, determina *imediatamente* mediante um esforço vigoroso o valor do qual ele deverá se revestir. Não computes quantas vezes irás retomá-lo. Quando a preguiça disser a ti: "Faz de qualquer jeito agora, depois voltas a isso", tu dirás a ela que essas voltas são na maior parte do tempo ilusórias. Uma vez desceste a ladeira, dificilmente tu voltarás a subi-la. Não encontrarás a coragem de repensar *ab ovo* uma obra medíocre; tua covardia de hoje constitui uma garantia ruim para o heroísmo de amanhã. Quanto às adições que poderias aí fazer, se fossem em si perfeitas causariam uma desarmonia. Uma obra, no que toca a seu fundo, exige ser escrita de um só fôlego, sem parar. Beethoven observava que um fragmento introduzido demasiado tarde jamais se ajusta à obra. Uma bela obra é um fluxo de lava. Ticiano revisava o todo de seus quadros, mas de acordo com o traço original, unicamente em vista do aprimoramento; nada modificava da concepção inicial, da composição, das linhas fundamentais. O esforço já fora feito; tratava-se apenas de um suplemento.

Por conseguinte, dá sempre o máximo de si no momento da criação. Nascida a obra, tu a tratarás como a criança que se alimenta e se educa, mas cuja hereditariedade está estabelecida e cujos caracteres fundamentais são adquiridos. Este será então o momento de aplicar a teu rebento intelectual as palavras da Bíblia: "Aquele que poupa a vara odeia seu filho" (*Provérbios* 13,24).

V

Tal severidade para consigo mesmo supõe que os trabalhos empreendidos se adaptam a ti e são proporcionais aos teus recursos. Se a presa é mais forte do que o caçador, ela o devorará. Nesse caso, é irrisório indicar regras. Não se indica ao caçador de lebres como se aproximar do leopardo.

O último dos *dezesseis preceitos* tomistas é o seguinte: "*Altiora te ne quaesieris*: não procures acima de ti". Trata-se de uma sabedoria e tanto. O oráculo antigo já proferira: "Não alargues teu destino; não tentes ultrapassar o dever que a ti se impõe". O trabalho intelectual é tão só o prolongamento de nossas tendências naturais. Somos, agimos e a obra desabrocha: tal é a sucessão. Se procurares aumentar a extensão do chumbo com o ferro, a do algodão com a seda, não obterás nenhuma coesão, nada de valor resultará disso.

A vocação faz uso de nossos recursos, não os cria. O intelectual maldotado nunca passará de um "fracassado"; mas maldotado também se diz relativamente a uma obra particular. Ora, é ao que nos referimos agora.

Em todas as ocasiões discerne o esforço que te convém, a disciplina de que és capaz, o sacrifício que podes fazer, a matéria que podes abordar, a tese que podes escrever, o livro do qual podes tirar proveito, o público ao qual podes servir. Faz o julgamento de tudo isso com humildade e confiança. Se necessário, pede aconselhamento, sem esquecer que existe leviandade e indiferença em abundância. Firma tua mente o melhor que puderes. Depois disso, entrega-te ao trabalho com todo teu coração.

Toda obra apresenta grandeza sempre que for medida com exatidão, ao passo que aquela que se excede é, entre todas, a inferior. Muitas vezes dissemos: para ti, tua obra é única, o mesmo ocorrendo à de uma outra pessoa, nada de permutas. Somente tu podes realizar bem aquilo de que estás encarregado; farias mal o que o outro fará bem. Deus se satisfaz em todos.

Empreender conforme as próprias forças, apenas se pôr a dizer o que se sabe, não se forçar a pensar o que não se pensa, a compreender o que não se compreende, evitar o perigo de escamotear a substância das coisas cuja ausência se disfarça recorrendo-se a belas palavras... Quanta sabedoria há em tudo isso! O orgulho não tem lugar aqui; mas o orgulho é o inimigo do espírito como o é da consciência. O presunçoso sucumbe à própria obra, ridiculariza a si mesmo e aniquila sua força. Infiel a si mesmo, não é fiel a nada: ele é uma chama apagada.

* * *

Em toda matéria o sucesso é obtido sempre em idênticas condições: refletir no momento da partida, começar pelo começo, proceder metodicamente, avançar lentamente, aplicar todas as próprias forças. Mas a reflexão inicial tem por primeiro objeto determinar para o que somos feitos. O "conhece a ti mesmo" de Sócrates não é apenas a chave da moral, como também é a de toda vocação, porquanto ser convocado para alguma coisa é ver o próprio caminho ser marcado para si em meio à amplidão da estrada humana.

Capítulo IX
O trabalhador e o ser humano

I. Manter o contato com a vida. — II. Saber relaxar. — III. Aceitar as provas. — IV. Fruir das alegrias. — V. Prever os resultados.

I

Após ter exigido tanto e, aparentemente, forjado tantas correntes, será uma ironia voltar-se pela última vez para o intelectual e dizer-lhe: Mantém uma alma livre!

O que mais importa na vida não são os conhecimentos, mas sim o caráter; e o caráter seria ameaçado se o ser humano estivesse, por assim dizer, abaixo de seu trabalho, oprimido pela pedra de Sísifo. Há uma outra ciência distinta daquela que está na esfera da memória: a ciência de viver. O estudo deve ser um ato de vida, um proveito para a vida, sentir-se impregnado de vida. Dos dois tipos de seres humanos, os que se empenham em saber algo e os que tentam ser alguém, a palma de longe deve ser entregue ao segundo. Tudo é somente esboço no saber; a obra consumada é o homem.

A intelectualidade certamente concorre para a soberania do homem; porém, não é suficiente. Além da moralidade, na qual está incluída a vida religiosa, devem ser considerados diversos elementos da amplitude dos quais a vida humana é suscetível. Havíamos mencionado a vida em comunidade e a atividade prática: acrescentemos a isso o contato com a natureza, o cuidado da própria casa, as artes, as reuniões, uma dose de poesia, o cultivo do discurso, os esportes inteligentes e as manifestações públicas.

É difícil precisar a medida de tudo isso: confio no fato de que o leitor aqui encontrará em todo caso o espírito dessa decisão. Constitui um indicador seguro para o pensamento e para a prática saber apreciar o valor relativo das coisas.

O único objetivo do estudo é produzir a extensão de nosso ser: não deve chegar a produzir em nós estreiteza. Se a arte é o ser humano somado à natureza, a ciência é a natureza somada ao ser humano: em ambos os casos é preciso preservar o ser humano.

Pascal se recusa a estimar o especialista que se limitasse a ser isso; não é desejável para ele que, quando um homem ingressa em um círculo social, as pessoas se lembrem de seu livro. "É uma marca negativa", diz ele, e não o entende somente nessa concepção de ciência comparada que descrevemos, mas pensa também na harmonia humana.

É imperioso sermos sempre mais do que o que somos; se filósofos, é preciso sermos um pouco poetas; se somos poetas, um pouco filósofos; se artesãos, é necessário sermos poetas e filósofos dependendo da ocasião, no que se conta com o assentimento do povo. Se escritor, é preciso ser um indivíduo prático, ao passo que o indivíduo prático deve saber escrever. Todo especialista é, primeiro, uma pessoa, e o essencial da pessoa está além de tudo que se pensa e de tudo que se faz.

Não se compreende o destino como se compreende uma coisa particular; abrimo-nos a ela "com a flor da mente", como dizia Zoroastro. Os objetivos particulares não encerram o próprio valor da vida, tampouco os atos a ação, tampouco o talento a intuição ampla, na qual se organiza toda a existência; a obra não encerra o valor do próprio trabalhador. Dissociado dessas amplas relações, tudo é prejudicial, e exclusivamente dentro de nossa atmosfera geral nossa alma se manifesta plenamente.

Aquele que só pensa em seu trabalho trabalha mal; reduz a si mesmo; adquire um hábito profissional que se transformará em um defeito. A mente deve permanecer aberta, preservar o contato com a humanidade e com o mundo para que em cada período de estudo ela traga a capacidade de um impulso novo.

Já citamos estas palavras de um rabino: "Quando um alqueire está cheio de nozes, pode-se ainda nele verter muitas medidas de azeite"; nós as aplicamos aos trabalhos que se sustentam reciprocamente em lugar de se combaterem. Chamemos agora de nozes o trabalho técnico em sua totalidade; a ele podemos adicionar sem causar sobrecarga, mas, pelo contrário, aliviando sua carga, o azeite da vida intelectual cômoda das formas nobres do lazer, da natureza, da arte.

O próprio trabalho técnico tirará proveito disso. Tira amplo proveito do contato social, da amizade, da ação externa, do que já indiquei as razões. Aqui me limito a ampliar as considerações cuja importância é geral. Seria de se pensar ser incompatível com qualquer especialidade uma visita ao Louvre, a audição da *Sinfonia Heroica* ou de *Édipo Rei*, um passeio em Versailles sob as folhas douradas do outono, a simples visão de um pôr do sol, uma reunião patriótica no Trocadero ou no grande anfiteatro da Sorbonne, celebrar os Jogos Olímpicos, assistir a um *Mistério* em Jumiège ou no Teatro d'Orange, um sermão solene em Notre-Dame?

Seria ter uma compreensão péssima do que é o pensamento não ver as ligações que ele tem com todas as manifestações criativas. A natureza renova tudo, revigora toda inteligência bem constituída, franqueia caminhos e sugere noções ignoradas pela abstração. A árvore é uma instrutora e o prado está repleto de ideias como de anêmonas ou de margaridas campestres; o céu é como um carrossel de inspirações com suas nuvens e seus astros; as montanhas estabilizam nossos pensamentos por força de sua massa e as correntes dos regatos fazem desencadear meditações elevadas.

Conheço alguém que, ao olhar um rápido curso de água da montanha, ascendia irresistivelmente à ideia dos mundos, a sonhar com essas massas que se precipitam com igual celeridade, sob o império das mesmas leis, na dependência das mesmas forças, graças ao mesmo Deus do qual tudo parte e para o qual tudo retorna. Ao voltar ao trabalho, ele se sentia elevado pela Força única, penetrado dessa Presença difundida por toda parte, e fincava sua ação obscura na comunhão dos seres.

Tu, porém, com a mente murcha, o coração endurecido, pensas estares perdendo teu tempo ao acompanhar os céleres cursos de água da montanha e perambular em meio ao rebanho dos astros. O universo preenche o homem com sua glória e tu o ignoras. A estrela da tarde se entedia em seu escrínio sombrio e seu desejo é alojar-se no pensamento, mas tu lhe recusas essa morada. Escreves, calculas, enfileiras proposições e elaboras teses, e não *olhas*.

Quem sabe se em um concerto pode o intelectual ser tomado por uma impressão de grandeza, de beleza, de poder que logo se transpõe para seus modos particulares, traz proveito a seus objetos de estudo, transmite cor a seus temas costumeiros e lhe concederá logo uma rodada de trabalho mais fecunda? Não irá ele rabiscar apressadamente no verso do programa o esquema de um capítulo ou de um discurso, uma ideia para desenvolvimento, uma imagem viva? A harmonia elevou o tom de sua inspiração, e o ritmo no qual ele foi apreendido como um transeunte em meio a uma tropa em marcha o impulsionou para novas rotas.

Em Saint-Sulpice, ao pintar a *Capela dos anjos*, Delacroix se apoiava deliciosamente nos sons do grande órgão e nos cantos religiosos; atribuía o extraordinário êxito de seu Jacó combatente e do cavaleiro do Heliodoro a essa harmonia.

Há algo de precioso na música para o intelectual que é o seguinte: não comunica nenhuma precisão e, consequentemente, não incomoda em nada. Tudo que fornece são estados de alma, cuja aplicação de cada um a uma tarefa particular extrairá deles o que ela quiser. Rodin extrairá deles uma estátua; Corot, uma paisagem; Gratry, uma página inflamada; Pasteur, uma investigação mais apaixonada e mais atenta. Tudo se conjuga na harmonia e tudo aí se regenera. O ritmo, pai do mundo, é também o pai do gênio no qual o mundo se reflete. No horizonte indistinto do sonho, cada um vê ascender a imagem de sua escolha e nela inscreve seus traços em sua língua.

Segundo Santo Tomás, as circunstâncias relativas à nossa pessoa e aquelas efetivas à nossa volta fazem parte das atividades; concorrem para sua integração em um todo e lhes comunicam seus caracteres. Constituirá a ação de pensar a única exceção? Não será ela influenciada pela atmosfera imaginativa, sensorial, espiritual, social que poderíamos lhe proporcionar para que não fosse mais um canto isolado, mas sim uma voz presente na orquestra?

Somos algo bastante precário sozinhos em um gabinete de trabalho! É verdade que se pode nele introduzir o universo e povoá-lo com Deus, mas esse povoamento só é efetivo após uma longa experiência para a qual os elementos estão em todo lugar. Encontraria eu Deus no meu quarto se jamais estive na igreja e sob o céu que "narra Sua glória"? Escreveria eu sob a impressão da natureza e da beleza universal se os grandes cenários, o campo cheio de paz e os teatros da arte não tivessem previamente me educado?

Assim, impõe-se ampliar o trabalho para não ser um forçado sob grilhões e não reduzir a intelectualidade à função de uma golilha.[130] O trabalho é um ato livre.

Tu, portanto, que entendes estar te consagrando à vocação do estudo, acautela-te quanto a dar as costas, em favor dela, às demais coisas da vida. Não renuncies a nada que tem a ver com o ser humano. Mantém um equilíbrio no qual o peso dominante não procure levar tudo consigo. Saiba formular uma tese e contemplar uma aurora, envolver-te em abstrações profundas e brincar, como o divino Mestre, com as crianças. Hoje as "togas dos pedantes" e os "barretes pontudos" não estão mais na moda, estão *reprimidos*, mas subsistem e estão nas almas: não vás envergar ridiculamente essas coisas. Recusa-te a ser um cérebro destacado do próprio corpo e um ser humano que tem a própria alma diminuída. Não faças do trabalho uma monomania.

O intelectual que concebo é o homem detentor de um saber amplo e variado, complementado por uma especialidade de grande penetração; ele é amigo das artes e das belezas naturais; sua mente se revela a mesma tanto nas ocupações ordinárias quanto na meditação;

---

130. No original, o autor utiliza *"carcan"*, argola de ferro fixada a um poste, na qual se prendia a cabeça de uma pessoa julgada criminosa ou a título de punição e que era exposta à apreciação pública. Damos aqui dois exemplos: o infamante pelourinho da Bahia durante a escravidão oficial no Brasil e o retratado por Victor Hugo logo no início de sua obra imortal *Nossa Senhora de Paris*, popularmente conhecida como *O Corcunda de Notre-Dame*. (N.T.)

nós o vemos idêntico diante de Deus, diante de seus pares e diante de sua criadagem, carregando dentro de si um mundo de ideias e de sentimentos que não só se encontram registrados em livros e em discursos, como também se extravasam na conversação amigável e orientam sua vida.

No fundo, tudo está unido e tudo é a mesma coisa. A intelectualidade não suporta nenhuma separação. Todos os nossos objetos de estudo são tantos quantos portas para penetrar no "jardim secreto", na "adega de vinhos", que constitui o termo das investigações ardentes. Os pensamentos e as atividades, as realidades e seus reflexos têm um Pai idêntico. Filosofia, arte, viagens, cuidados domésticos, finanças, poesia e tênis sabem formar alianças e há somente uma forma de se contradizerem: a desarmonia.

O necessário em todos os momentos é estar ali onde se deve estar e fazer o que importa. Tudo se une no concerto interpretado pelo divino e pelo humano.

II

Todos se dão conta de que cultivar a largueza de espírito que reclamamos já é relaxar. A melhor parte do relaxamento está encerrada nos modos secundários de vida que mencionamos. Convém, todavia, fazermos um louvor mais explícito ao repouso no que toca ao trabalho onde este se qualifica, consequentemente, de certa maneira, revelando-se excessivo ou razoável, submetido ou não à regra humana que se confirma na lei de Deus.

O excesso não deve ocorrer em nada. O trabalho, precisamente porque é um dever, exige limites que o mantenham vigoroso, duradouro e o capacitem no decurso da vida a fornecer a maior soma de resultados.

A intemperança é um pecado porque nos aniquila, e existe a obrigação de administrar a vida porque existe a obrigação de viver. Ora, há intemperança não só em função de prazeres grosseiros; os arrebatamentos mais sutis e mais nobres também participam da natureza perniciosa da intemperança. Amar a verdade à custa da prudência, isto é, da verdade da vida, é uma inconsequência. Prova-se, assim, que a despeito dos próprios protestos não é a verdade o objeto do amor, mas o prazer que dela se extrai, as vantagens da vaidade, do orgulho, da ambição que dela são esperadas, como sucede com esses amantes dos quais se diz que amam amar e que amam o amor de preferência a seu objeto.

O relaxamento é um dever, tal como a higiene na qual ele está incluído, como a preservação das próprias forças. "Quero que tu te poupes a ti mesmo", diz Santo Agostinho a seu discípulo.[131] A mente não se cansa, mas a mente encarnada se cansa; nossas faculdades intelectuais são proporcionais a certa dose de ação. Ademais, sendo o sensível nosso meio conatural e formando as ações práticas mais insignificantes à trama da vida para a qual estamos preparados, deixar esse domínio para ascender ao abstrato não é algo a ser realizado sem cansaço. O esforço não pode ser permanente. É necessário nos voltarmos para a natureza e nela mergulhar a fim de nos refazer.[132]

O ser em contemplação é um ser "mais pesado do que o ar": só se conserva elevado graças a um dispêndio considerável de força; não demora para que o combustível se esgote, sendo novamente necessário "reabastecer".

Sem incorrer em um paradoxo, pode-se admitir estas palavras de Bacon, que corroboram os dados da fisiologia: "consumir tempo exagerado no estudo é preguiça". É diretamente preguiça na medida em que é impotência para vencer um determinismo, controlar o freio. É preguiça indiretamente porque a recusa ao repouso constitui a recusa implícita de um esforço que o repouso permitiria e que a estafa vai comprometer. Mas é preguiça ainda de uma outra forma mais oculta. Com efeito, fisiologicamente falando, o repouso envolve um imenso trabalho. Quando a atividade intelectual é interrompida, o engenho interior do corpo empreende uma restauração que se requer completa. O pretenso lazer é apenas uma transformação de energia.

---

131. *De Musica*, c. II.
132. Cf. Santo Tomás IIa, IIae, q. CLXVIII, art. 2.

No teatro, uma vez abaixadas as cortinas, todo um exército de trabalhadores se precipita no palco, pondo-se a limpar, reparar, modificar, a fim de preparar o ato seguinte. O diretor que interrompesse ou barrasse essa operação árdua não seria um inimigo da peça, do autor, dos intérpretes, do público e de si mesmo? Assim, o estafado opõe-se à própria vocação, Àquele que a concede, a seus colegas da equipe na produção intelectual, a seus irmãos que dela tirariam proveito e a seu próprio bem.

O melhor meio de se poupar seria ainda, se possível, não se cansar, com o que quero dizer equilibrar o próprio trabalho de modo que uma operação produzisse para ti repouso relativamente a uma outra operação responsável pelo cansaço. Em medicina, com frequência combatem-se os efeitos de uma droga nociva por meio de outra que produz um efeito antagônico. Nem tudo produz fadiga da mesma maneira nem no mesmo momento. O ferreiro que, suando, faz escorrer sem parar o ferro em seu forno encontraria repouso enfeixando feno em pleno campo, e o enfardador de feno, distribuindo-o nos cochos.

Já fornecemos indicações nesse sentido. Ao falar do emprego do tempo, depois a respeito da constância no trabalho, tocamos no princípio da distribuição das tarefas. Nem tudo na intelectualidade é concentração que leva ao esgotamento: há as preparações, os apartes, os corolários práticos dos pensamentos e das criações. Escolher livros, fazer a triagem de documentos, reunir notas, classificar manuscritos, colar "papeizinhos de lembrete" em suas margens, rever provas, pôr em ordem os objetos do escritório, organizar a biblioteca significa ocupar-se, não trabalhar. Organizando-se bem é possível trabalhar sob certa tensão apenas oportunamente, e nos intervalos envolver-se ainda com muitas dessas incumbências pouco fatigantes que, entretanto, são indispensáveis e que, portanto, têm elas próprias um valor de contemplação.

Essa ordenação dos trabalhos conforme suas exigências relativamente ao cérebro terá uma dupla vantagem: evitará a estafa e transmitirá ao labor intenso toda sua pureza. Quando não houve previsão para o repouso, o repouso que não assumimos *assume a si mesmo*; ele se intercala sub-repticiamente no trabalho sob a forma de distrações, de sonolência e de necessidades às quais se tem de atender, necessidades nas quais não se pensou em seu devido tempo.

Encontro-me imerso plenamente em um esforço criador: mas eis que me falta uma referência e não há mais tinta no tinteiro; uma seleção de notas foi esquecida; um livro, um manuscrito de que tenho necessidade estão em outro aposento, ou enterrados em uma pilha de onde é preciso retirá-los. Uma hora atrás, tudo isso poderia ter sido feito divertidamente, alegremente, a sonhar com a rodada tranquila de trabalho para a qual eu tivesse assim me preparado. E agora encontro-me transtornado, e meu impulso criativo se detém. E, se negligenciei essas preparações em prol de um falso labor que minha intemperança quis salvaguardar, o desastre é duplo. Eis o resultado que atingi: nenhum repouso genuíno, nenhum trabalho genuíno. A desordem impera.

Trata de evitar cuidadosamente — eu disse —, no que toca aos "instantes de plenitude", o trabalho pela metade que é um repouso pela metade e que não representa nenhum proveito. Trabalha energicamente, a seguir relaxa, não importa se for apenas esse relaxamento relativo que prepara, assiste ou conclui o trabalho.

O repouso completo, ademais, será necessário também — completo, eu digo, aquele mediante o abandono momentâneo de toda preocupação com o trabalho, exceto aquele do "trabalho permanente", do qual indicamos a facilidade e os benefícios.

Santo Tomás explica que o verdadeiro repouso da alma é a alegria, a ação da qual extraímos deleite. Os jogos, as conversas em família, a amizade, a vida familiar, as leituras agradáveis das quais dissemos qual é a lei, a proximidade da natureza, a arte acessível, um trabalho manual muito suave, o passeio motivado pela curiosidade, mas inteligente, por uma cidade, os espetáculos que não exibem nem muita inflexibilidade nem muita paixão, os esportes moderados: tais são nossos elementos de relaxamento.

Tampouco se deve exagerar no relaxamento. O relaxamento excessivamente longo, além de devorar o tempo, é prejudicial ao impulso rumo a uma vida laboriosa. É importantíssimo que cada um descubra o ritmo que permitirá esse impulso máximo aliado a um mínimo de fadiga. Trabalhar por tempo excessivo conduz à exaustão; interromper demasiado cedo o trabalho significa não conseguir estabelecer para si a medida. De idêntico modo, repousar por tempo demais significa destruir o impulso que já foi conquistado; repousar demasiado pouco significa deixar de restaurar as próprias forças. Conhece-te a ti mesmo e encontra tua proporção em tudo com base nesse autoconhecimento. Acatando essa reserva, o repouso frequente e de curta duração, o qual relaxa sem exigir um novo reinício de atividade posterior, é o mais favorável.

Ah! Caso se pudesse trabalhar inteiramente no próprio seio da natureza, a janela aberta para uma linda paisagem, em uma tal situação que, quando chegasse a fadiga, fosse possível refestelar-se alguns instantes em meio ao verde ou, caso o pensamento se detivesse, fosse possível, quanto a isso, pedir o conselho às montanhas, à assembleia das árvores ou das nuvens, aos animais que perambulam, em lugar de se entristecer amargamente, garanto que o produto do trabalho seria duplicado e que seria diferentemente agradável, diferentemente humano.

É-se tão realista ao correr pelo campo e a alma se mantém ao mesmo tempo tão elevada! O *imperativo categórico* não deve ter sido cogitado em um prado e menos ainda a suposta aritmética moral de um Bentham.[133]

Ao jovem que alimenta grandiosas aspirações e que deseja ir longe, afirmo que deves te ater à realidade humana. Frui de algum lazer; não te esgotes; trabalha calmamente e no domínio de um júbilo espiritual; sejas livre; sejas astucioso, se necessário, contigo mesmo: promete a ti, no momento do esforço, algum alívio agradável cuja imagem desde já te revigore o pensamento, isto aguardando que ele próprio venha a restaurar tuas forças.

Se compões um grupo, mostra simpatia relativamente às formas de relaxamento de uns e outros. A pessoa que jamais graceja, afirma

---

133. Jeremy Bentham (1748-1832), filósofo inglês. (N.T.)

Santo Tomás, que não acolhe o gracejo e não favorece o folguedo ou o relaxamento alheio é um grosseirão e representa um ônus para seu próximo.[134] Não é possível viver um só dia, dizia Aristóteles, com um homem rabugento.

III

Esse equilíbrio entre o trabalho e a alegria repousante é tanto mais necessário quanto numerosas são as agruras do trabalhador intelectual. Mais de uma vez já o indicamos. Seja em matéria de conhecimento, seja no que respeita a qualquer outra coisa, só se alcança a salvação mediante a cruz. Para isso tudo pode contribuir, e tudo em sua devida hora: a insatisfação consigo mesmo, o atraso na inspiração, a indiferença do próprio ambiente, a inveja, as incompreensões, os sarcasmos, as injustiças, o abandono daqueles que atuam como dirigentes, a deserção dos amigos.

"A superioridade tem que enfrentar tantos obstáculos e sofrimentos," escrevia George Sand acerca de Balzac, "que o homem que persegue pacientemente e com doçura a missão do talento é um grande homem." Não desejarás reter para ti essa última frase, mas, se em um grau ou outro te tornares alguém, podes aguardar a prova da eleição e preparar-te para experimentar sabores diversos: a prova do ideal, o qual para ti aparenta estar cada vez mais longe à medida que avanças em direção a ele; a prova dos tolos, que nada compreendem do que dizes e se escandalizam com o que dizes; a prova dos invejosos, que te julgam impudente por teres franqueado a linha de combate deles; a prova dos bons que se deixam abalar, que suspeitam de ti e te abandonam; a prova dos medíocres, que constituem a multidão e que incomodas por meio de tua silente afirmação de um mundo superior. "Se foste deste mundo", declara o Salvador, "este mundo amaria o que lhe pertence, mas porque não és deste mundo... devido a isso o mundo te odeia." (João 15,19).

---

134. IIa IIae, q. CLXVIII, art. 4.

As diversões mencionadas anteriormente como meios de relaxamento poderão, ainda aqui, contribuir com sua ajuda. Tudo aquilo que concede repouso por causa do trabalho é capaz também de abrandar o sofrimento. Todavia, recorre principalmente aos meios sobrenaturais e, entre eles, ao trabalho motivado pelo sobrenatural, o qual constitui o nosso único objetivo.

O trabalho cura as dores do trabalho e as do trabalhador; ele é o inimigo das angústias, das enfermidades e dos pecados; ele nos instala em uma região elevada na qual as dificuldades da existência e as debilidades do corpo encontram um alívio. O ardor que comunica e a orientação que oferece às energias desviam o abatimento e nos libertam das preocupações infelizes.

Se estás ocioso e tateias teu corpo, perceberás que uma plêiade de incômodos imprecisos nele provavelmente se farão sentir; trabalha com entusiasmo e não terás mais que se preocupar com isso. É possível dizer o mesmo quanto aos males da alma. Quando me pergunto: o que poderei opor às inquietudes e aos pesadumes que me assaltam durante o trabalho?, só descubro uma resposta: o próprio trabalho. Qual o conforto que posso oferecer a meu coração caso ele duvide de sua obra? O trabalho. Qual o meio de resistir aos inimigos do empenho e aos que invejam o sucesso? O trabalho. O trabalho é o medicamento, o trabalho é o bálsamo, o trabalho é o motor que me impulsiona. Junta a ele o silêncio, seu companheiro, a prece, sua inspiradora, e experimenta uma doce amizade, se Deus a ti a conceder, e então terás com o que te saíres vitorioso em tudo.

O trabalho equilibra a alma; ele oferece a unidade interior. Com o amor de Deus, o qual funda a hierarquia dos valores, o trabalho executa a subordinação das forças que resulta na estabilização da alma. Fora disso, a necessidade de unidade somente poderá ser satisfeita por meio de alguma mania inferior ou alguma paixão, com o que nossas fraquezas de toda espécie retomarão o império.

Não é por acaso que chamam a preguiça de mãe de todos os vícios; é igualmente mãe do abatimento e das aflições ou, no mínimo, os favorece. O sentimento de vitória gerado pelo trabalho combate essa depressão; o gasto ritmado das forças eleva seu tom e as regulariza, como o ardor da equipe de canoagem que rema cantando.

A verdade também é uma defesa; transmite-nos firmeza e regozijo; ao lado dela consolamos a nós próprios e aos outros; sua descoberta é para nós uma recompensa; sua manifestação, uma nobre vingança em dias de contradição.

O trabalhador intelectual está exposto, sem contar os outros aborrecimentos que o atingem, àquilo que talvez seja o que mais toca sua sensibilidade, se não a sensibilidade humana: a crítica, a qual não o poupa. Quando essa crítica é leviana e injusta, ele sofre e é conduzido à irritação; ele, porém, se sente principalmente atingido pela crítica se esta atinge seu ponto fraco e destaca em suas obras ou em seu caráter falhas que ele gostaria de esquecer e subtrair aos olhares, uma vez que é incapaz de vencê-las.

Qual a réplica a ser encontrada e qual atitude tomar? Sempre a mesma: "Diante de todas as críticas só vejo uma resposta a ser dada", diz Emerson: "retomar o meu trabalho".[135] Comenta-se também de Santo Tomás que, quando era atacado, o que ocorria com muito mais frequência do que seu sucesso póstumo poderia levar a supor, empenhava-se em firmar sua posição, precisar e esclarecer sua doutrina, para só então calar-se. *O boi mudo da Sicília* não iria se deixar desviar de seu caminho por causa dos gestos e gritos de uma cruzada de crianças.

Corrigir os próprios erros e calar-se: eis a grande máxima. Aqueles que a têm colocado em prática sempre atingem as alturas; valendo-se da força que se despendia para derrubá-los geraram um ímpeto vitorioso; valendo-se das pedras que lhes eram atiradas eles construíram sua morada.

Procurar defender as próprias obras ou procurar estabelecer o valor delas é pueril. O valor dispensa defesa porque defende a si mesmo. O Sistema Solar não dá o voto de Minerva para dirimir a disputa

---

135. Emerson, op. cit., p. 145.

entre Ptolomeu e Copérnico. A verdade existe, e as obras que contêm a verdade participam do ser e do poder da verdade. Produzires uma agitação em torno delas conduziria a teu próprio enfraquecimento. Deves calar-te; humilha-te perante Deus; desacredita teu juízo e corrige teus erros; em seguida, permanece firme como o rochedo que as vagas açoitam. O tempo e as forças que gastarias na defesa de uma obra serão mais bem empregados na composição de outra, e mais vale tua paz do que um êxito banal.

"O verdadeiro sábio não discute," escreve Keyserling;[136] "não se defende. Fala ou escuta; afirma ou busca penetrar as significações."

A partir do momento em que és reprovado, em lugar de reagir interna ou externamente como o animal que mostra os pelos eriçados, observa, como um homem, o sentido do que foi dito. Sejas impessoal e íntegro. Se a crítica é justa, pretendes resistir ao que é verdadeiro? Mesmo que essa crítica haja nascido de uma rivalidade, deves ter a coragem de admitir teu erro e o propósito digno de te servir da malevolência que Deus pôs a tua disposição. Pois o próprio mal está nas mãos de Deus, e a crítica maldosa, por ser a mais aguda, pode acabar por ser de maior proveito ainda para ti.

Uma vez colhida a vantagem, deixa o resto nas mãos do Senhor, que julga por ti e que saberá no Seu devido tempo fazer justiça. Cerra teus ouvidos daqui por diante. "Não se diz nenhum mal", escreve Santo Agostinho, "diante daquele que não escuta." A inveja é um imposto aplicado sobre o rendimento da glória, da distinção ou do trabalho. O trabalho, que em si mesmo é vulnerável, reclama do trabalhador seu resgate. Que este pague e não proteste. "As grandes almas sofrem em silêncio", diz Schiller.[137]

Quando nada há para ser retirado de um ataque, resta ainda dele retirar-se a si mesmo, dele sair, em primeiro lugar incólume, isento do enfraquecimento e do rancor e, na sequência, engrandecido, melhorado pela prova. A autêntica força espiritual é exaltada

---

136. Hermann Keyserling (1880-1946), escritor e filósofo alemão. (N.T.)
137. Friedrich Von Schiller (1759-1805), poeta trágico alemão. (N.T.)

quando se é perseguido; por vezes ela geme, mas seu gemido é igual àquele de toda criatura que "geme e dá à luz", diz o Apóstolo.[138]

Dissemos que a vida intelectual é um heroísmo: seria teu desejo o heroísmo nada custar? As coisas somente valem na exata proporção de seu custo. O sucesso vem depois, o elogio vem depois e, talvez, não o dos homens, mas o de Deus e de Sua corte que farão de tua consciência profeta deles. Os trabalhadores, teus irmãos, também concederão o reconhecimento a ti a despeito de seu aparente abandono. Muitas vilanias mesquinhas e, às vezes, grandes iniquidades são cometidas entre intelectuais; entretanto, uma classificação subentendida não deixa de consagrar os valores genuínos, mesmo que a publicidade os condene ao esquecimento.

Se for necessário igualmente transferir tua utilidade para mais tarde — quem sabe para quando não existires mais —, é o caso de dares tua aprovação; a honra póstuma é a mais desinteressada, e a utilidade póstuma atende suficientemente aos verdadeiros propósitos de tua obra. O que queres? A gloríola ou o proveito? Não passarias então de um falso intelectual. A verdade? Ela é eterna. Não há necessidade de utilizarmos a eternidade.

O verdadeiro se desvela pouco a pouco; aqueles que o tiram da sombra não se dispõem a exigir dele que lhes faça uma auréola; simplesmente o servem e isso basta, e armar-se com o gládio dos heróis por um só instante ou portar o escudo diante deles constitui sua recompensa.

Não é por si mesmo que o trabalho vale? É um dos crimes desta época tê-lo depreciado e ter substituído sua beleza pela disformidade de um egoísmo ávido. As almas nobres vivem uma vida bela e na expectativa de que seja adicionalmente fecunda. Trabalham não só em vista do resultado, mas também pelo próprio trabalho, para que suas vidas sejam puras, honestas e viris, semelhantes à de Jesus e prontas para se unirem à dele. Assim, as decepções não constituem motivos para se deterem. O amor não teme as decepções, nem a esperança, nem a fé possuidora de raízes vigorosas.

---

138. Ou seja, São Paulo. (N.T.)

Mesmo que trabalhemos sem a clara perspectiva de um resultado, lancemos as sementes sem a perspectiva de colher, nademos e a margem do rio nos seja negada, caminhemos para termos diante de nós somente espaços infindáveis, isso não constitui uma decepção para quem crê, para quem tem esperança, e isso agrada a quem ama, porque o amor se prova bem melhor quando se trabalha para o prazer, o prazer do amado e aquele de seu serviço.

IV

De resto, no trabalho não há apenas contrariedades; o trabalho comporta suas alegrias e é para nós motivo de felicidade quando a alegria por si só nos coloca em uma disposição favorável ao trabalho e nos relaxa após nosso esforço.

Seria necessário estar na esfera da alegria mesmo em meio às aflições e às contradições, a exemplo do Apóstolo: "Eu estou mais do que repleto de alegrias em meio às minhas tribulações". A tristeza e a dúvida matam a inspiração, mas somente a matam quando se cede a elas. Erguer-se acima delas mediante a alegria cristã é reanimar a chama bruxuleante prestes a se apagar.

"Os fracos pensam sobre o passado", escreve Marie Bashkirtseff, "os fortes vingam-se dele." Isso é possível sempre, e para nos ajudar Deus permite repousarmos às vezes no seio de um júbilo tranquilo.

O sentimento da altitude proporciona ao trabalhador intelectual uma alma simultaneamente cheia de admiração e feliz, ele nisso se assemelhando ao montanhês que escala rochas ou o explorador das geleiras. As paisagens de ideias, mais sublimes do que as dos Alpes, excitam sua embriaguez. "Contemplar a ordem do universo e as disposições da divina Providência é uma atividade eminentemente deleitável", diz Santo Tomás de Aquino.[139]

De acordo com o Doutor Angélico, a contemplação parte do amor e finda na alegria: amor ao objeto e amor ao conhecimento

---

139. In: *Psalm*. XXVI.

como ato de vida; alegria da posse ideal e do êxtase provocado por ela.[140]

O intelectual cristão optou pela renúncia, mas a renúncia o enriquece mais do que uma opulência altiva. Ele perde o mundo e este lhe é dado espiritualmente; ele acede ao trono de onde se julgam as doze tribos de Israel (Lucas 22,30). O ideal é sua realidade, que para ele substitui a outra e desta absorve as falhas mergulhando-as na beleza. Despojado de tudo segundo o espírito e com muita frequência efetivamente pobre, ele cresce por meio de tudo que abandonou ou que o abandona, pois reencontra em segredo sua posse magnífica. Se, imerso na mais absorvente ação interior, poderia dizer, das profundezas desse sono aparente, como diz a Esposa: "Durmo, mas meu coração vigia". "No leito, durante a noite, procurei aquilo que meu coração ama, o agarrei e não o deixarei ir embora."

Quando nos encontramos nas disposições necessárias e a alma inteiramente devotada à obra, quando se estuda apropriadamente, quando se lê apropriadamente, quando se anota apropriadamente, quando se faz trabalhar a nosso favor tanto a inconsciência quanto a noite, os trabalhos preparados por nós são como a semente sob o sol, como a criança cuja mãe a pôs no mundo em meio à dor, porém a tal ponto feliz com o nascimento de um ser humano que não se lembra mais da própria dor (João 16,21).

A recompensa de uma obra é tê-la realizado; a recompensa do esforço é ter crescido graças a ele.

Coisa espantosa, o verdadeiro intelectual parece escapar dessas tristezas da idade que infligem a tantos homens uma morte prematura. Ele é jovem até o fim. Dir-se-ia que participa da juventude eterna do verdadeiro. Geralmente já muito cedo maduro, continua maduro, em absoluto amargurado ou deteriorado quando é recolhido pela eternidade.

Essa perenidade refinada é também a dos santos e ela levaria a pensar que santidade e intelectualidade têm idêntica essência. Com efeito, a verdade é a santidade da mente; ela a conserva, como

---

140. IIa IIae, q. CLXXX, art. 1.

a santidade é a verdade da vida e tende a firmá-la tanto para este mundo quanto para o outro. Não há virtude sem crescimento, sem fecundidade, sem alegria; tampouco há esclarecimento intelectual que não produza esses efeitos. Cientista,[141] conforme a etimologia, significaria "sábio",[142] e a sabedoria é una, porém compreendendo a dupla regra do pensamento e da ação.

V

Com isso chegamos às derradeiras palavras que convém dirigir ao ouvinte desta teoria, a um tempo curta e demasiado longa, da vida intelectual. "Se seguires este procedimento", diz Santo Tomás a seu discípulo, "produzirás no vinhedo do Senhor folhas verdes e frutos proveitosos durante toda a tua vida. Se puseres em prática estes conselhos, atingirás o que desejas. Adeus."

Não é um nobre adeus este que compromete, em prol do laborioso e do fiel, a honra do verdadeiro, assegurando a quem formula suas condições os resultados que ele almeja?

Nada se pode prometer a quem não tem o dom. Uma vez pressuposta a vocação, tem-se o direito de dizer que a cultura não é principalmente filha do gênio; ela nasce do trabalho, de um trabalho qualificado, organizado e sustentado, tal como tentamos retratá-lo.

O trabalho fabrica para si mesmo seu próprio instrumento. Como o ferreiro que tempera suas ferramentas, o trabalho forma nosso caráter e nos transmite a solidez e, consequentemente, a confiança.

Essa confiança, que está fundada em uma lei que rege as coisas, pertence mais ao trabalho do que ao trabalhador; todavia, o trabalhador, também ele, deve ter fé em si mesmo. Não tem ele consigo o Deus que disse: "Quem procura acha e para aquele que bate à porta, ela será aberta"? Todos nós temos a Verdade atrás de nós e ela nos

---

141. No original, "*Savant*". (N.T.)
142. No original, "*sage*". (N.T.)

impulsiona pela inteligência; nós a temos diante de nós e ela nos chama, acima de nós nos inspira.

Em todos nós a alma é igual; o sopro do Espírito atinge a todos; a meta e as aspirações profundas são as mesmas para todos; além dos graus de destemor, a única coisa que há de distinta são os elementos cerebrais mais ou menos livres e ativos, mais ou menos ligados: ora, sabemos que contando com nossos auxílios terrestres e celestes podemos vencer muitas deficiências. A luz pode filtrar-se através das fissuras alargadas por nosso esforço; uma vez presente, por si mesma estende e confirma seu império.

Não se deve apoiar-se em si mesmo; mas no Deus no interior de si mesmo não poderíamos depositar demasiada confiança. Nunca se tem uma noção demasiado elevada do eu se for o eu divino.

Quanto ao mais, também esperamos da parte de nossos iniciadores, da parte de nossos amigos, da parte de nossos irmãos na obra intelectual, uma contribuição permanente. Temos os gênios a nosso favor. Os grandes homens não são grandes exclusivamente para si mesmos; eles nos sustentam; eles são o fundamento de nossa confiança. Contando com sua ajuda, nos capacitamos a construir para nós uma vida tão grande quanto a deles, a descontar a desproporção das forças.

O verdadeiro intelectual não tem por que recear a esterilidade, a inutilidade: basta que uma árvore seja uma árvore para produzir sementes. Às vezes os resultados demoram, mas chegam; a alma dá sua restituição; os acontecimentos dão a deles. Se não pudermos nos igualar àqueles que admiramos, podemos sempre nos igualar a nós mesmos, e é preciso dizê-lo uma última vez: é nossa única meta.

Cada indivíduo é único: consequentemente, cada fruto gerado pela mente é também único. O único é sempre preciso, sempre necessário. Não faltemos para com Deus, e o êxito de Deus será, em parte, o nosso. Eis aí algo capaz de trazer consolo a nossa inferioridade e, se produzirmos, nos reconfortar à vista do dilúvio dos livros.

Dá tudo que está presente em ti e, se fores fiel a ti mesmo, se o fores até o fim, podes assegurar-te quanto a alcançar a perfeição de tua obra —tua, digo eu, aquela que Deus espera de ti e que corresponde a Suas graças, interiores e exteriores. Nesse momento, deverás dizer a ti mesmo que muitas obras e muitas vidas são mais belas, mas poderás também adicionar: "Não há nenhuma mais bela para mim, e nenhuma semelhante".

Acrescento ainda o seguinte, o que está entre nossos motivos para a confiança. Quando reclamam de nós a fidelidade, o trabalho tenaz e submetido a boas regras, isso não significa a exclusão de todas as falhas; promessas feitas sob tal condição seriam ridículas. Errar é humano; mas de todas as prescrições deve-se reter usualmente o essencial: trata-se da parcela na qual nos dizem: "Isso basta e é indispensável".

Seria de desejar que nossa vida fosse a chama de uma vela que não produzisse nem fumaça nem escórias, que dela nada fosse perdido, que nada nela fosse impuro. Isso é impossível. Mas o que é possível é, apesar disso, excelente, e seus frutos, excelentes e saborosos.

Se estás decidido a pagar o devido preço, inscreve nas tabuinhas do coração hoje, se já o não fizeste, tua resolução firme. Aconselho-te, inclusive, a registrá-la por escrito o preto no branco, bem legível, e instalar suas fórmulas diante de ti. Pondo-te a trabalhar e depois de teres orado, renovarás essa resolução a cada dia. Terás o cuidado de anotar especialmente o que para ti é o menos natural e o mais necessário, para ti tal como és. Se necessário, tu o recitarás em voz alta, para que tuas palavras sejam transmitidas a ti mesmo mais nitidamente.

Então, acrescenta e repete com toda a certeza: "Se fizeres isso, produzirás frutos úteis e atingirás o que desejas".

Adeus.

Traços biográficos e bibliográficos de A.-D. Sertillanges
(compilados e escritos pelo tradutor)

Sacerdote cristão, teólogo, professor e membro da Académie des Sciences Morales et Politiques [Academia de Ciências Morais e Políticas], Antonin-Dalmace Sertillanges, mais conhecido simplesmente por A.-D. Sertillanges, foi igualmente um fecundo e prolífico escritor.

Nasceu em 17 de novembro de 1863 em Clermont-Ferrand, na região de Auvergne, no centro da França, e morreu em 26 de julho de 1948 em Sallanches, pequena cidade da Haute-Savoie, também na França.

Até o desfecho de sua vida, aos 85 anos, caracterizou-se por uma atividade religiosa e intelectual intensa e constante, na qual conjugava, de maneira metódica, disciplinada e harmoniosa, a pregação espiritual, a docência e a concepção e redação de suas muitas obras.

Como teólogo, foi um profundo e devotado tomista que soube com maestria extrair dessa importante corrente teológica e filosófica fundamentos para a estruturação de um método pedagógico funcional e pragmático, do qual *A vida intelectual* constitui uma expressiva amostra. Mas o que ressalta no viés educacional de Sertillanges, inspirado na doutrina de Tomás de Aquino, nesta obra dirigida ao aspirante à vida intelectual (em uma linguagem, inclusive, avessa ao jargão propriamente acadêmico ou erudito), é o fato de haver ao longo de toda sua existência experimentado e confirmado ele mesmo na prática a eficiência das diretrizes de suas lições, ou seja, o método que expõe para a vida intelectual não foi apenas fruto de um esforço especulativo (ainda que necessário e meritório), mas o produto de uma combinação judiciosa e eficaz de teoria e prática.

Os temas correntes e recorrentes da maioria de suas obras estão positivamente a serviço da teologia cristã, mas incluindo o aspecto devocional que certamente estava associado à sua pregação como sacerdote no empenho de produzir edificação espiritual. Entretanto, para Sertillanges, vida religiosa e vida intelectual não só não se opõem como, pelo contrário, se completam, de modo que ao menos a segunda jamais prescinde da primeira.

Apresentamos abaixo uma relação da maior parte dos trabalhos de A.-D. Sertillanges, que tratando sobretudo de religião, espiritualidade, ética e intelectualidade permanecem atuais, talvez até mais hoje do que no tempo de sua composição, já que vivemos neste século XXI um impasse mundial cuja solução clama por valores morais e espirituais especialmente vigorosos. Indicamos as obras nas suas edições originais.

- *Catéchisme des incroyants*, 2 vol., Flammarion
- *Ce que Jésus voyait du haut de la Croix*, Flammarion
- *Dieu, traduction et commentaire de la Somme de saint Thomas d'Aquin*, 3 vol., Éditions de la Revue des Jeunes
- *Dieu ou rien*, 2 vol., Flammarion
- *Jésus*, Gabalda
- *L'Amour chrétien*, Gabalda
- *La Philosophie morale de saint Thomas d'Aquin*, Alcan
- *La Prière*, Librairie de l'Art Catholique
- *L'Église*, 2 vol., Gabalda
- *La Vie catholique*, 2 vol., Gabalda
- *Les grandes thèses de la philosophie thomiste*, Bloud et Gay
- *La Famille et l'État dans l'éducation*, Gabalda
- *La Vie héroïque*, Bloud et Gay
- *Le Miracle de l'Église*, Spes
- *Les Sources de la croyance en Dieu*, Perrin
- *Les idées et les jours. Propos de Senex*, 2 vol., Flammarion

- *La Politique chrétienne*, Gabalda
- *L'Orateur chrétien*, Éditions du Cerf
- *Féminisme et christianisme*, Gabalda
- *Socialisme et christianisme*, Gabalda
- *Pèlerinage artistique à Florence*, Pensée Catholique
- *Saint Thomas d'Aquin*, Collection des Grands Philosophes, 2 vol., Alcan
- *Notre Vie*, 2 vol., Éditions de la Revue des Jeunes
- *Art et Apologétique*, Bloud et Gay
- *Agnosticisme et anthropomorphisme*, Bloud et Gay
- *Le Sermon sur la Montagne, évangile de guerre et de paix*, Bloud et Gay
- *Les Vertus théologales, Anthologies illustrées*, 3 vol., La Foi, L'Espérance, La Charité, Laurens
- *Le Chemin de la croix*, Art Catholique
- *Prières dans nos épreuves*, Art Catholique

Este livro foi impresso pela Gráfica Plena Print
em fonte Minion Pro sobre papel Pólen Bold 70 g/m²
para a Edipro no outono de 2024.